SAN SEBASTIÁN

Stefanie Gückstock
Fotografie: Taha Jawashi

SAN SEBASTIÁN

DIE KULTREZEPTE
AUS DER WELTHAUPTSTADT
DER GUTEN KÜCHE

CHRISTIAN

INHALT

VORWORT

Willkommen im Baskenland, willkommen in San Sebastián! Es ist schön, dass Sie diese Zeilen gerade lesen und mehr über die Küche San Sebastiáns erfahren möchten.

WAS ERWARTET SIE?

Auf den folgenden Seiten werden Sie darüber lesen, warum San Sebastián die Welthauptstadt der guten Küche genannt wird. Als Erstes mögen Sie vielleicht an die vielen Sternerestaurants denken. Aber die sind eigentlich nur die Spitze des Eisbergs.

Doch Sie müssen sich keine Sorgen machen, die Rezepte in diesem Buch sind – die fünf Sternerezepte ausgenommen – unkompliziert und bodenständig. Denn, ich erwähne es im Buch immer wieder, wer gut essen will, der sollte auf hervorragende Zutaten setzen. Deren unverfälschter, einzig durch die Zubereitung intensivierter Geschmack macht ein gutes Gericht aus. Auf diesem Gedanken basiert die baskische Küche. Ein Geheimnis, das eigentlich keines ist.

Sollte das nicht so spannend für Sie klingen, so kann ich Sie beruhigen: Es gibt einiges zu entdecken! Sowohl Zutaten als auch Gerichte. Für mich eines der spannendsten Rezepte ist das der Tintenfische in schwarzer Sauce. Ich bin aber auch ein großer Fan des Idiazábal-Käses geworden.

GANZ GALLIEN?

Mit diesen ersten Zeilen ahnen Sie es vielleicht: Ein wenig eigenwillig geht es im Baskenland mitunter zu. Angefangen bei der einzigartigen Sprache über die patriotische Haltung allem gegenüber, was aus der Region kommt, bis zu manch speziellem Gericht wie den vorgenannten Tintenfischen in schwarzer Sauce.

Wenn ich an das Baskenland denke, fallen mir daher die Anfangssätze von Asterix und Obelix ein: »Ganz Gallien ist von den Römern besetzt ... Ganz Gallien? Nein! Ein von unbeugsamen Galliern bevölkertes Dorf hört nicht auf, dem Eindringling Widerstand zu leisten.«

Auch das Baskenland verteidigt seine Kultur. Lange Zeit nahm dies mit der ETA extremistische Ausmaße an. Glücklicherweise sind diese Zeiten vorbei. Diese lange Phase der Gewalt hat dem Ruf des Baskenlandes allerdings nachhaltig geschadet. Das erklärt möglicherweise, weshalb diese Gourmetnation noch immer vielen unbekannt ist.

IST DAS NICHT SPANISCH?

Vielleicht fragen Sie sich, ob die baskische Küche sich so sehr von der spanischen unterscheidet.

Wie bei uns, gibt es jedoch nicht »die« spanische Küche. Jede Region hat ihre Besonderheiten und traditionellen Gerichte, die in erster Linie bestimmt sind durch das Klima und den regional verfügbaren Zutaten der Landwirtschaft.

Anders als viele Mittelmeerregionen ist Nordspanien eine verhältnismäßig grüne Zone, in der viele landwirtschaftliche Produkte wie Bohnen, Spargel oder Äpfel gut gedeihen. Insofern ist die nordspanische Küche etwas vielfältiger, was die Zutaten betrifft.

Doch machen Sie sich mit diesem Buch ein eigenes Bild. Ich wünsche Ihnen viel Vergnügen dabei ... und guten Appetit!

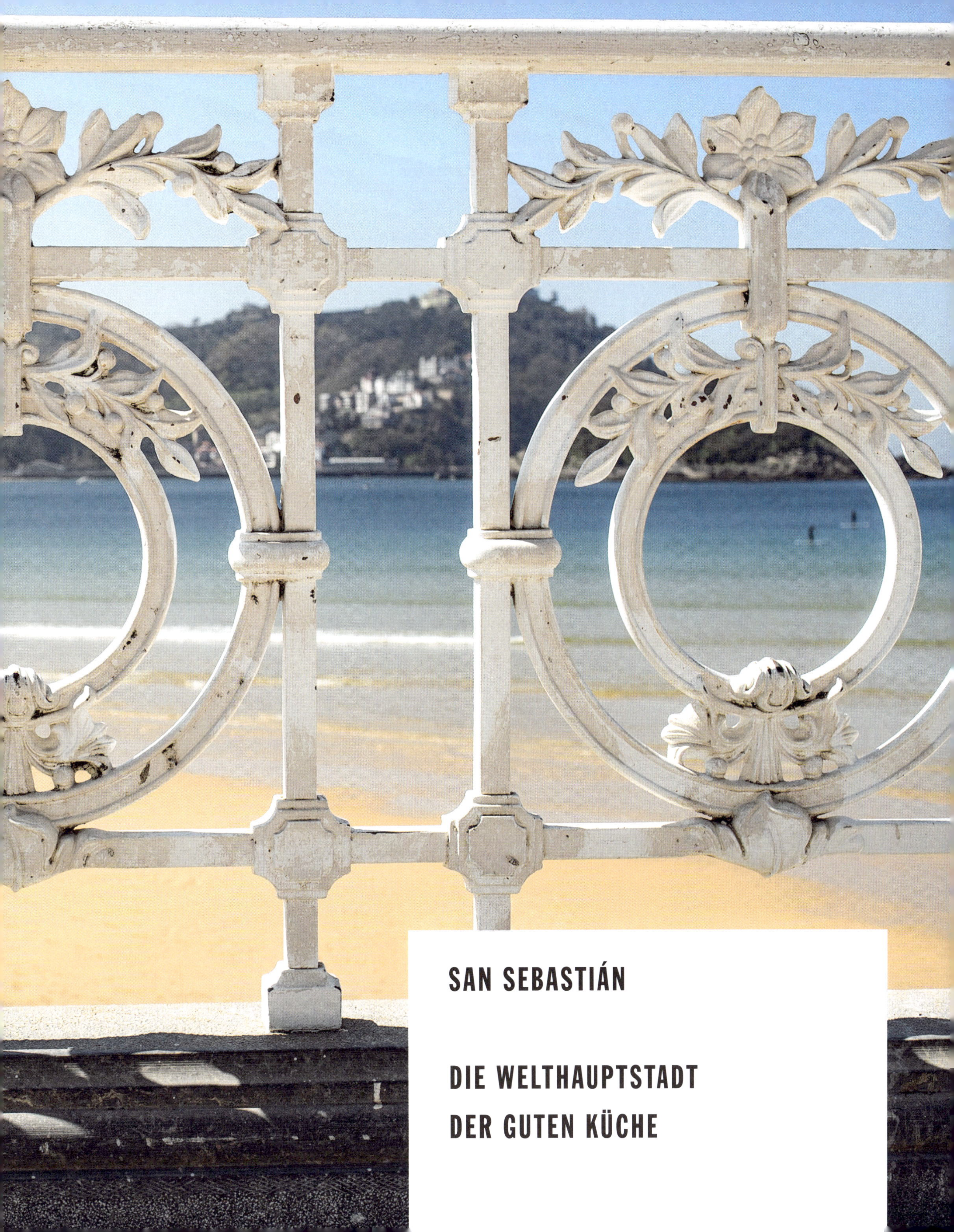

SAN SEBASTIÁN

DIE WELTHAUPTSTADT DER GUTEN KÜCHE

A FOOD LOVERS' PARADISE

Donostia-San Sebastián gehört sicher zu den spannendsten Reisezielen für Food-Liebhaber. Einerseits locken unzählige Bars mit scheinbar unerschöpflicher Vielfalt an Pintxos, andererseits fällt es schwer, sich zwischen den vielen exquisiten Restaurants zu entscheiden, von denen sechs mit mindestens einem Michelinstern ausgezeichnet sind (elf mit dem nahen Umland). Dank dieser verfügt San Sebastián über die höchste Sternedichte gleich nach Tokio. Es gibt also gute Gründe, weshalb die nordspanische Stadt auch als Welthauptstadt der guten Küche bezeichnet wird.

Das außergewöhnliche daran ist, dass San Sebastián mit knapp 190 000 Einwohnern auf einer Fläche von rund 60 Quadratkilometern wirklich keine Metropole ist. Ganz anders als all die anderen Städte, die für exzellente Küche stehen wie etwa Paris, Rom, New York oder Lima. Doch letztlich macht genau das die Stadt als Urlaubsziel (nicht nur für Foodies) so reizvoll, denn hier warten neben ausgezeichnetem Essen auch Ruhe, Strände, das Meer und das Flair der Belle Époque.

LA NUEVA COCINA VASCA

Das Dasein als international anerkannter Gourmet-Hotspot ist allerdings kein Zufall: Mitte der 1970er-Jahre erwachte eine Bewegung von Köchen, die die baskische Küche gezielt renommierter machen wollte. Vorbild war unter anderem das nahe Frankreich, das schon damals für hohe Kochkunst stand.

Dass die Köche ihr Ziel erreicht haben und die Küche heute einen derart guten Ruf genießt, war quasi vorprogrammiert, betrachtet man, wer die neue baskische Küche, die Nueva Cocina Vasca (in Anlehnung an die Nouvelle Cuisine) mitgestaltet hat. So gehörte zu den Food-Revolutionären unter anderem Juan Mair Arzak, der schon mit Anfang 30 als bester Koch Spaniens galt und noch heute mit seiner Tochter Elena das 3-Sterne-Restaurant Arzak in San Sebastián führt.

Den entscheidenden Impuls zum Aufbruch, die baskische Küche zu erneuern, gab eine Begegnung Arzaks mit Paul Bocuse, einem der besten Köche des vergangenen Jahrhunderts und Pionier der Nouvelle Cuisine. Dementsprechend ist es nicht verwunderlich, dass man immer wieder französischem Einfluss, etwa in Form entlehnter Gerichte, begegnet.

Schon immer lebte die baskische Küche von frischen Zutaten aus der Region. Doch früher waren die Speisen bäuerlich und einfach. Die Menschen arbeiteten in der Landwirtschaft oder der Fischerei, waren arm und verarbeiteten zu bescheidenen Speisen, was Feld, Meer oder Viehzucht hergaben.

Die Köche der 1970er Jahre haben sich davon nicht distanziert. Sie arbeiteten weiterhin mit regionalen Zutaten. Doch wurden traditionelle Speisen neu gedacht und die Zubereitung vieler Gerichte international, vor allem französisch, beeinflusst. Sie wurde verfeinert, modernisiert und auf ein neues Niveau gehoben.

EIN BASKE, EIN GOURMET

Es sind jedoch nicht allein Köche, die sich für besonderen Genuss interessieren. Wie es heißt, steckt in jedem Basken ein Gourmet. So ist essen – wie es in südlichen Ländern häufig der Fall ist – ein wichtiger Lebensbestandteil, insbesondere gemeinsam mit anderen. Das Leben spielt sich sozusagen um den Esstisch ab. Und doch scheint die Liebe zum Essen in San Sebastián und dem übrigen Baskenland noch stärker ausgeprägt zu sein, als anderswo. Dieser Ruf eilt den Basken jedenfalls voraus.

Und vermutlich stimmt es. Denn beispielsweise reihen sich sicher nirgendwo sonst so viele Kochvereine aneinander, in denen dem Genuss gefrönt und das gemeinsame Essen zelebriert wird, wie hier. »Kochvereine« wird diesen *sociedades gastronómicas* bzw. *sociedades populares*, die in San Sebastián verbreitet sind, allerdings nicht gerecht.

Diese Gesellschaften verfügen über ein eigenes kleines Restaurant, das nur von Mitgliedern für Mitglieder betrieben wird. Ursprünglich waren bis auf wenige Tage im Jahr nur Männer zugelassen, heute wird das lockerer gehandhabt.

Die erste dieser Gesellschaften wurde Mitte des 19. Jahrhunderts gegründet und man schätzt, dass heute etwa jeder siebte *donostiarra* (so bezeichnet man die Einwohner von Donostia-San Sebastián), Teil einer *sociedad* ist. Während der Franco-Diktatur, als jegliche Treffen skeptisch beäugt wurden, waren die Gesellschaften einer der wenigen Orte, an denen sich Bürger unbesorgt austauschen konnten, und somit ein beliebter Zufluchtsort.

Die Basken lieben aber nicht nur das gemeinsame Essen, sie messen sich auch überaus gerne in Kochwettbewerben. Wer kocht die beste *marmitako* (siehe Seite 102), wer den besten *bacalao en salsa verde* (siehe Tipp Seite 114) und wer das beste *sukalki* (siehe Seite 122)? Manche dieser Wettbewerbe werden sehr ernsthaft betrieben, bei vielen geht es aber hauptsächlich darum, Spaß zu haben.

Und nicht zu vergessen: Im Jahr 1901 wurde in San Sebastián die erste Kochschule *(academia de cocina)* Spaniens eröffnet.

IN BESTER LAGE

In kulinarischer Hinsicht hat San Sebastián geographisch das große Los gezogen. Vor der Haustüre liegt das kantabrische Meer und versorgt die Bewohner mit fangfrischem Fisch und Meeresfrüchten. Im Rücken der Stadt befindet sich fruchtbares Bergland, in dem Gemüse und Obst beste Wuchsbedingungen finden.

Ohnehin gibt es in Nordspanien einige niederschlagsreiche Gebiete, die für die Landwirtschaft ideal sind. Man spricht hier vom Grünen Spanien. (Ein unerwartetes Bild, wenn man ausschließlich die spanischen Mittelmeerregionen kennt.) Hier gedeihen Tomaten, Salate, Erbsen, Bohnen oder Spargel von höchster Qualität. Und natürlich Äpfel …

TXOTX UND TXAKOLI

Aus dem fermentierten Saft der heimischen Äpfel wird traditionell *sidra* hergestellt, baskischer Apfelwein. *Sidra* ist in der Provinz Gipuzkoa, in der auch San Sebastián liegt, tief verwurzelt und wird fast ausschließlich hier produziert. Die *sidra*-Saison ist allerdings begrenzt und dauert nur von Januar bis Anfang Mai. Dann wird in den zahlreichen *sidrerías* (Siderhäusern) der neue Apfelwein verkostet. Eingeläutet wird die Saison mit der *tamborrada* (Trommelfest) am 20. Januar, dem Tag des Heiligen Sebastian.

Siderhäuser sind einfache Wirtshäuser mit langen Tischen, in denen rustikales Essen serviert wird. Ein klassisches Menü besteht aus Fischomelett, riesigen Rindersteaks und einer Käseplatte als Nachtisch. Der Apfelwein wird direkt aus Fässern gezapft und der Wirt leitet den Ausschank mit dem Ruf *txotx!* ein *(txotx* ist der Holzpfropfen, der die Fässer verschließt.) Dann machen sich die Gäste auf zu den Fässern, aus denen der Wein in einem langen Strahl in die Gläser abgefüllt wird.

Neben *sidra* wird im Baskenland *txakoli* (auch: *txakolina)* gekeltert. Ein junger, leichter (Weiß-)Wein, der nur hier aus heimischen Trauben hergestellt wird. Die Herkunftsbezeichnung ist bei diesem Wein – wie bei vielen Produkten aus dem Baskenland – zugleich ein Qualitätsmerkmal.

MARIA
FELIX · DE CORDOVA
ARTURO
MIERCOLES de CENIZA
Doña Macabra
SANTO
SANTO en EL MISTERIO de la PERLA NEGRA
A COLORES

PATRIOTISMUS

All die in Heimatnähe verfügbaren Produkte bilden die Grundlage der Speisen im Baskenland, egal ob in Sternerestaurants, in Pintxos-Bars oder zu Hause. Patriotismus und Stolz schwingen deutlich mit. Bevorzugt wird grundsätzlich alles, was aus dem Baskenland kommt und mit einer entsprechenden Herkunftsbezeichnung oder einem baskischen Qualitätslabel *(eusko label)* versehen ist.

Selbstverständlich wird in Profiküchen aufwendiger gekocht als am heimischen Herd. *Cocina de autor* (Autorenküche) nennt es sich, wenn der Koch oder die Köchin mit Geschmäckern spielt, neu kombiniert und einzigartige Gerichte kreiert. Eine Art zu kochen, die in San Sebastián weit verbreitet ist.

Viel häufiger geht es allerdings bodenständig zu: Fisch, Fleisch oder Gemüse werden lediglich gegrillt. Der pure Geschmack feinster Grundprodukte macht für die Basken gutes Essen aus. Und das muss weder kompliziert noch aufwendig sein.

Ein bisschen extravagant darf es dennoch sein: Tintenfisch in schwarzer Sauce, Kiemenbäckchen oder Fleisch 15 Jahre alter Kühe. Das findet man nur bei den Basken. Wie mit ihrer Sprache gehen die Basken eben ihren eigenen Weg. Folgen Sie diesem in den nächsten Kapiteln. *On egin!* – Guten Appetit!

BASKISCHE BEGRIFFE

Alle Rezepte (bis auf die der Sterneküche) sind mit ihrem baskischen Namen angegeben. Darüber finden Sie die spanische Beschreibung und die deutsche Kurzbeschreibung. Baskische Wörter werden in der Regel so ausgesprochen wie sie geschrieben werden. Die Kombination »tx« spricht sich dabei »tsch«, »tz« wie ein scharfes Z und »x« wie »sch«, ein geschriebenes Z gleicht beim Aussprechen einem doppelten S.

Beispiele:

txakoli (baskischer Weißwein)	tschakoli
txangurro (Taschenkrebs)	tschangurro
etxeko biskotxoa (baskischer Kuchen)	etscheko biskotschoa
gazta tarta (Käsekuchen)	gassa tarta
goxua (baskisches Dessert)	goschua

BUKANEROS

CHARCUTERÍA
Tradición

PINTXOS

In diesem Kapitel finden Sie 24 Pintxos-Rezepte. Die meisten der präsentierten Pintxos stehen so oder so ähnlich auf vielen Theken in San Sebastián. Ein paar davon sind jedoch einzigartig und werden exklusiv in nur einem Lokal serviert, so wie etwa die Tacos der Taquería Kursaal oder die *Pan Bao* des Restaurants Sirimiri Gastroleku.

INTRO

WAS MACHT EINEN PINTXO AUS?

Was ein *Pintxo* ist, lässt sich so genau nicht (mehr) definieren, aber vielleicht wie folgt ganz gut beschreiben: Pintxos sind Kanapee-ähnliche Mini-Gerichte, die man in Bars zu Wein und Bier genießt. Klassisch handelt es sich um eine belegte Weißbrotscheibe, in der ein Holzspieß steckt. Von diesem leitet sich auch der Name Pincho ab: Das spanische Verb *pinchar* bedeutet übersetzt »aufspießen«. Die Basken haben *pinchos* schließlich zu *pintxos* assimiliert.

Für Pintxos können Weißbrotscheiben mit allem Erdenklichen belegt werden, angefangen bei einfachen Oliven, Sardellen, hervorragendem Schinken über Tortillas bis zu paniertem Fisch oder kleinen Steaks. Fantasie und Geschmack sind tonangebend. Doch egal, was es ist: Die Zutaten sollten von bester Qualität sein.

URSPRUNG DER PINTXOS

Die Entstehungsgeschichte der Pintxos liegt im Dunkeln. Oft erzählt man sich, dass die ersten Pintxos in den 1930er Jahren in der Bar *La Espiga* in San Sebastián serviert wurden. Mit den Häppchen wollte der Inhaber Gäste anlocken. Es wird aber auch berichtet, der Pintxo »Gilda«, eine Kombination aus Sardellen, Chilischoten und Oliven, sei der erste Pintxo überhaupt gewesen. Einig ist man sich lediglich darüber, dass Pintxos unabhängig von den typischen spanischen Tapas entstanden sind, mit denen sie oftmals verglichen werden.

Doch eigentlich ist der Ursprung gar nicht so wichtig. Seit den Anfängen haben sich Pintxos ohnehin immer weiterentwickelt und auf den Bartheken reihen sich heute wahre Kunstwerke aneinander. Darunter auch Mini-Gerichte ohne Brot und Holzspieß, beispielsweise Suppen in kleinen Gläsern. Sind das dann überhaupt noch Pintxos? Ja … nein … vielleicht – egal! Hauptsache es schmeckt!

TXIKITEO

Beim Pintxosessen geht es natürlich um mehr als um Essen: Es ist ein soziales Miteinander. Freunde treffen, quatschen, dazwischen immer wieder einen Happen stibitzen, und das Leben genießen. Mit Freunden von Pintxos-Bar zu Pintxos-Bar zu ziehen nennt man *txikiteo*, was auch oder insbesondere bei Touristen beliebt ist. Das Spannende hierbei: Man kann so viel Verschiedenes probieren. Ein Paradies für Foodies!

Zu Hause bereiten die Basken Pintxos eher selten zu. Das heißt jedoch nicht, dass Sie das nicht sollten. Es bietet sich geradezu an, sich mit Freunden um einen Tisch selbst gemachter Pintxos zu versammeln. Neben ein paar der hier vorgestellten Pintxos füllt sich die heimische Pintxotheke schnell und einfach mit Baguettescheiben mit Sardellen, hervorragendem Schinken oder feinem Käse. Idealerweise wird hierzu *txakoli* serviert oder ein kleines Glas Bier *(zurito)*, das gerade gut genug gefüllt ist, um die Pintxo »herunterzuspülen«.

5J
CINCO JOTAS
JABUGO 1879
SELECCIÓN PRIVADA

CASA VALLES

BAR CASA VALLÉS

Die Bar, in der Pintxo-Geschichte geschrieben wurde

Die Casa Vallés gehört zu den traditionsreichsten und ältesten Bars der Stadt. Blas Vallés übernahm das Lokal 1942 zunächst als Weinhandlung. Bald wurde es den Kunden zur Gewohnheit, länger im Geschäft zu verweilen und dort Wein zu trinken. Blas Vallés begann, ihnen dazu Schinken und Sardellen zu reichen. So entwickelte sich der Weinladen allmählich zur Bar, in der schließlich der legendäre Pintxo »Gilda« kreiert wurde. Einigen Quellen nach der erste Pintxo überhaupt. Heute wird die Bar bereits in vierter Generation geführt und sollte bei einem Aufenthalt in San Sebastián unbedingt besucht werden.

Reyes Católicos, 10
20006 Donostia-San Sebastián
barcasavalles@gmail.com
+34 943 452210
www.barvalles.com

PINCHO BÁSICO – PINTXO GRUNDREZEPT
PINTXO OINARRIZKO ERREZETA

In einfachster Pintxovariante werden Baguettescheiben nur mit Schinken, Käse oder Fisch belegt. In diesem Rezept beispielhaft mit Sardellen. Der Phantasie sind keine Grenzen gesetzt!

Für 4 Personen à 2 Pintxos | Zubereitungszeit: 5 Minuten

ZUTATEN

8 Scheiben Baguette
200 g *boquerones* (in Essig eingelegte Sardellen)

ZUBEREITUNG

2–3 Sardellen auf jede Baguettescheibe legen.

ANRICHTEN

Die Baguettescheiben auf einer Platte verteilen und servieren.

LA GILDA – GRÜNE SARDELLEN-SPIESSCHEN
LA GILDA

La Gilda ist so ziemlich der bekannteste (und vielleicht auch einfachste) Pintxo im Baskenland. Der Legende nach wurde er in der Bar Casa Vallés »erfunden« und nach dem Film »Gilda« (1946) benannt. Für diesen posierte Rita Hayworth in einem grünen Kleid verführerisch auf dem Filmplakat: grün und pikant, so wie der Pintxo.

Für 4 Personen à 2 Pintxos | Zubereitungszeit: 10 Minuten

ZUTATEN

40 in Essig eingelegte *guindillas* (kleine grüne Peperoni)
8 in Öl eingelegte gesalzene Sardellen (Anchovis)
8 entsteinte Manzanilla-Oliven
Olivenöl zum Beträufeln

ZUBEREITUNG

Das Grün und die Spitze der Peperonischoten abtrennen. Dann pro Pintxo 1 Sardelle zusammenlegen und einen kleinen Holzspieß durchstechen. Dann nacheinander 5 vorbereitete Peperoni aufspießen. Zum Schluss je 1 Olive aufstecken.

ANRICHTEN

Die Spieße auf einer Platte anrichten und mit Olivenöl beträufeln.

INUDRAIN – »GILDA« AUF THUNFISCH

INDURAIN

Eine Art abgewandelter Gilda ist der Pintxo Indurain. Er vereint einige der beliebtesten Zutaten der Basken: Anchovis, Peperoni und *Bonito del Norte*. Benannt ist die Gilda-Abwandlung nach dem fünfmaligen Tour-de-France-Sieger Miguel Indurain.

Für 4 Personen à 2 Pintxos | Zubereitungszeit: 10 Minuten

ZUTATEN

16 in Essig eingelegte *guindillas* (kleine grüne Peperoni)
200 g in Öl eingelegter *Bonito del Norte* (weißer Thunfisch)
2 Frühlingszwiebeln mit großer Knolle
16 in Öl eingelegte gesalzene Sardellen (Anchovis)
16 entsteinte Manzanilla-Oliven
Olivenöl zum Beträufeln

ZUBEREITUNG

Das Grün und die Spitze der Peperonischoten abtrennen. Den Bonito del Norte in ein feines Sieb geben und das Öl abtropfen lassen. Anschließend in 8 gleichgroße Stücke schneiden. Die Frühlingszwiebeln waschen, das Grün entfernen und die Knollen vierteln.

Dann pro Pintxo nacheinander 1 Stück Thunfisch, 2 Sardellen, 2 Chilischoten, 1 Stück Frühlingszwiebel und 2 Oliven auf einen kleine Holzspieß spießen.

ANRICHTEN

Die Spieße auf einer Platte anrichten und mit Olivenöl beträufeln.

PIMIENTOS DE GERNIKA FRITOS – GEBRATENE GERNIKA-PAPRIKASCHOTEN

GERNIKAKO PIPER FRIJITUAK

Ein Klassiker der spanischen Küche, der zwischenzeitlich auch hierzulande bekannt und beliebt geworden ist. Daher sind Bratpaprika auch bei uns in (fast) jedem gut sortierten Supermarkt zu bekommen.

Für 4 Personen | Zubereitungszeit: 20 Minuten

ZUTATEN

ca. 150 g *pimientos de Gernika* (Bratpaprika)
Olivenöl zum Braten
grobes Salz zum Bestreuen
ca. 8 Scheiben Baguette

ZUBEREITUNG

Die Paprikaschoten gründlich waschen und trockentupfen. Reichlich Öl in einer Pfanne bei mittlerer bis hoher Temperatur erhitzen und die Paprikaschoten darin rundherum kross anbraten. Anschließend zum Abtropfen auf einen Teller mit Küchenpapier legen.

ANRICHTEN

Die gebratenen Paprikaschoten auf den Baguettescheiben anrichten und mit grobem Salz bestreuen.

PIMIENTOS DEL PIQUILLO – EINGELEGTE PAPRIKASCHOTEN

PIKILLO PIPERRAK

Für ein gelungenes Geschmackserlebnis braucht es nicht viel, entscheidend sind exquisite Produkte. Das ist das Geheimnis der baskischen Küche. Deswegen sind die meisten Pintxos auch sehr einfach zuzubereiten und schmecken trotzdem köstlich! Bei diesen Pintxos garantiert die geschützte Ursprungsbezeichnung »de Lodosa« die ausgezeichnete Qualität der Paprikaschoten.

Für 4 Personen à 2 Pintxos | Zubereitungszeit: 30 Minuten

ZUTATEN

4 Knoblauchzehen
Olivenöl zum Anschwitzen und Servieren
250 g *pimientos de piquillo* (eingelegte rote Paprikaschoten)
1 TL Zucker
Salz
1 EL gehackte frische glatte Petersilie
Baguettescheiben zum Servieren

ZUBEREITUNG

Die Knoblauchzehen abziehen und in feine Scheiben schneiden.

Reichlich Öl in einer Pfanne erhitzen und den Knoblauch darin bei mittlerer Temperatur weich anschwitzen, ohne ihn Farbe annehmen zu lassen. Die Paprikaschoten in ein feines Sieb abgießen, etwas abtropfen lassen und mit dem Zucker zum Knoblauch geben. Einige Minuten zusammen bei niedriger bis mittlerer Temperatur erhitzen, dann 50 ml Wasser angießen. Köcheln lassen, bis ein cremiger Sud entsteht. Anschließend dezent salzen.

ANRICHTEN

Die Paprikaschoten auf (nach Belieben gerösteten) Baguettescheiben anrichten und mit Petersilie bestreut servieren.

Alternativ die Paprikaschoten in einer Schale verteilen, den Knoblauch darüber geben und alles mit dem Sud übergießen. Zuletzt mit Petersilie bestreuen. Zusammen mit Baguette als Vorspeise servieren.

CHORIZO A LA SIDRA – PAPRIKAWURST IN APFELWEIN
ELTZEKO TXORIZOA SAGARDOAREKIN

Sidra – ein Getränk, das einfach zu San Sebastián und dem Baskenland gehört. In diesem Rezept ist der Apfelwein mit Chorizo, der bekannten spanischen Paprikawurst, kombiniert. Damit steht dieser Pintxo sinnbildlich für das Baskenland, wo die baskische Kultur mit der spanischen Hand in Hand geht.

Für 4 Personen à 2 Pintxos | Zubereitungszeit: 5 Minuten plus Garzeit 20–25 Minuten

ZUTATEN

400 g kleine rohe Chorizo zum Kochen (alternativ: pikante Mini-Paprika-Würste)
125 ml Sidra (nordspanischer Apfelwein)
8 Scheiben Baguette

ZUBEREITUNG

Die Haut der Grillwürste mit einer Gabel einstechen. Die Würste in einen Topf geben und den Apfelwein eingießen. Bei hoher Temperatur aufkochen und die Würste 5 Minuten im Apfelwein kochen lassen. Die Temperatur reduzieren und den Topfinhalt weitere 25 Minuten köcheln lassen, bis die Würste gar sind.

ANRICHTEN

Die gegarten Würstchen auf die Baguettescheiben setzen und jeweils mit einem Holzspieß fixieren. Auf einer Platte anrichten und servieren.

ENSALADILLA RUSA – RUSSISCHER KARTOFFELSALAT
ERRUSIAR ENTSALADA

Den *entsaladilla errusiarra* – auch *ensalada* Olivier genannt – bekommen Sie in San Sebastián in jeder Bar. Kaum ein anderes Gericht ist so verbreitet, und das obwohl dieser Kartoffelsalat keinen baskischen Ursprung hat. Besonders beliebt ist der *ensaladilla rusa* übrigens in der Bar Ezkurra im Stadtviertel Gros. Mindestens ebenso gut schmeckt er in der Bar Casa Vallés.

Für 4 Personen à 2 Pintxos | Zubereitungszeit: 15 Minuten plus Garzeit 30 Minuten

ZUTATEN

300 g mittelgroße festkochende Kartoffeln (am besten Sorte Monalisa)
Salz
2 Eier (Größe S)
1 kleine Karotte
75 g in Öl eingelegter *Bonito del Norte* (weißer Thunfisch)
60 g tiefgefrorene Erbsen, aufgetaut
100 g Mayonnaise (siehe Seite 210)
frisch gemahlener schwarzer Pfeffer
8 Scheiben Baguette

ZUBEREITUNG

Die Kartoffeln in einen Topf geben, mit kaltem Wasser bedecken und etwas Salz zufügen. Das Wasser aufkochen und die Kartoffeln im kochenden Salzwasser bei mittlerer bis hoher Temperatur bissfest garen.

Inzwischen die Eier hart kochen, abgießen und kalt abschrecken. Die Karotte schälen, in kleine Würfel schneiden und in wenig Wasser bissfest dünsten. Den Bonito del Norte in ein feines Sieb geben und das Öl abtropfen lassen. Die aufgetauten Erbsen in ein feines Sieb geben, mit warmem Wasser abspülen und abtropfen lassen.

Die gegarten Kartoffeln in ein Sieb abgießen und etwas ausdampfen lassen. Dann pellen und in kleine Würfel schneiden. Die hart gekochten Eier ebenfalls pellen und fein hacken. Die noch lauwarmen Kartoffeln mit den übrigen vorbereiteten Zutaten und der Mayonnaise in einer Schüssel vermengen. Den Salat dezent mit Salz und Pfeffer würzen.

Den Kartoffelsalat vor dem Servieren erkalten lassen, danach mit Salz und Pfeffer abschmecken.

ANRICHTEN

Den Salat auf die (nach Belieben gerösteten) Baguettescheiben geben und auf einer Platte anrichten oder auf einem Teller servieren und Brot dazu reichen. Der Salat sollte am Tag der Zubereitung verzehrt werden.

PINCHO DE CHACA – SURIMI-SALAT
PINTXO DE TXACA

Eine leckere Alternative zum *entsaladilla rusa*. Dieser Pintxo ist auch als Pintxo Donosti bekannt. Tipp: Garnieren Sie die Pintxos mit etwas Kaviar und bringen Sie damit Luxus auf den Tisch.

Für 4 Personen à 2 Pintxos | Zubereitungszeit: 10 Minuten

ZUTATEN

225 g Surimi
125 g Mayonnaise (siehe Seite 210)
1 hart gekochtes Ei (Größe M)
Salz
gemahlener Cayennepfeffer
8 Scheiben Baguette
1 EL gehackte frische glatte Petersilie

ZUBEREITUNG

Das Surimi sehr fein hacken und mit der Mayonnaise in einer Schüssel vermengen. Das hart gekochte Ei pellen und fein hacken. Den Salat dezent mit Salz und Pfeffer abschmecken.

ANRICHTEN

Den Salat auf die (nach Belieben gerösteten) Baguettescheiben geben und auf einer Platte anrichten. Mit der Petersilie bestreuen und servieren.

PATATAS AL AJILLO – KNOBLAUCHKARTOFFELN
BARATXURI PATATAK

Den spanischen Klassiker *patatas bravas* kennt hierzulande fast jeder. *Patatas al ajillo* sind weniger bekannt – aber mindestens genauso lecker! Die Knoblauchkartoffeln sind das Aushängeschild der Bar Ciaboga, die dafür in der ganzen Stadt berühmt ist. Dazu genießen Sie am besten einen kühlen Weißwein.

Für 4 Personen | Zubereitungszeit: 20 Minuten plus Garzeit 20 Minuten

ZUTATEN

9 Knoblauchzehen (ca. 25 g)
1 kleiner Bund frische glatte Petersilie
750 g festkochende Kartoffeln
Salz
Olivenöl zum Anschwitzen und Garen
gemahlener Cayennepfeffer (optional)
4–8 Scheiben Baguette

ZUBEREITUNG

Die Knoblauchzehen abziehen. Die Petersilie waschen, trockenschütteln und grobe Stiele entfernen. Den Knoblauch und die Petersilie zusammen sehr fein hacken. Alles gut vermengen.

Die Kartoffeln schälen und in etwa 2–3 cm große Stücke schneiden. Diese in einen Topf geben und mit kaltem Wasser bedecken. Etwas Salz zufügen, das Wasser aufkochen und die Kartoffeln im kochenden Salzwasser etwa 5 Minuten garen, sodass sie gerade weich sind. Anschließend in ein Sieb abgießen und sehr gut abtropfen lassen.

Reichlich Öl in einer Pfanne mit hohem Rand erhitzen und die Kartoffelwürfel darin bei mittlerer Temperatur etwa 4 Minuten anschwitzen, ohne sie Farbe annehmen zu lassen. Dann mit einer Siebkelle aus dem Öl nehmen, in ein feines Sieb geben und das Fett abtropfen lassen.

Die Knoblauch-Petersilien-Mischung mit etwas Olivenöl mischen und über einem Wasserbad in einer runden Tonform oder einer Pfanne erhitzen. Die Kartoffelwürfel zugeben und unter gelegentlichem Rühren zu Ende garen. Vor dem Servieren leicht salzen.

ANRICHTEN

Die Knoblauchkartoffeln in kleinen Tonschalen anrichten und mit Cayennepfeffer bestreuen. Zusammen mit Baguettescheiben warm servieren.

TORTILLA DE PATATA – KARTOFFELOMELETT
TORTILLA PATATA

Wie fast überall in Spanien isst man auch im Baskenland Tortilla oft und gerne. In San Sebastián ist die Bar Nestór hierfür die erste Anlaufstelle. Der Koch bereitet das Kartoffelomelett nur zweimal am Tag zu. Wenn die Stücke verkauft sind, gibt es nichts mehr. Daher sollten Sie reservieren, wenn Sie eine Portion abbekommen wollen. Sehr gute Tortillas bekommen Sie außerdem in der Bar Casa Vallés.

Für 4 Personen | Zubereitungszeit: 45 Minuten plus Garzeit 10 Minuten

ZUTATEN

600 g festkochende Kartoffeln
1 Zwiebel
Oliven- oder Sonnenblumenöl zum Garen und Braten
4 sehr frische Bio-Eier (Größe L)
½ TL Salz
4–8 Scheiben Baguette

TIPP

Das Omelett kann mit untergemischten gehackten Kräutern verfeinert werden.

ZUBEREITUNG

Die Kartoffeln schälen und in dünne Scheiben schneiden. Die Zwiebel abziehen und fein hacken.

Die Kartoffelscheiben in eine Pfanne geben und Öl eingießen, bis die Scheiben vollständig damit bedeckt sind. Bei niedriger bis mittlerer Temperatur erhitzen und die Kartoffelscheiben unter gelegentlichem Wenden im warmen Öl etwa 5 Minuten garen. Anschließend die Zwiebel zufügen und den Pfanneninhalt 5 Minuten weitergaren, bis die Zwiebelstücke glasig und die Kartoffelscheiben weich sind, aber noch keine Farbe angenommen haben. Die Zwiebel und die Kartoffeln mit einer Siebkelle aus dem Öl nehmen, in ein feines Sieb geben und das Fett abtropfen lassen.

Die Eier in einer großen Schüssel verquirlen. Das Salz, die abgetropften Zwiebelstücke und Kartoffelscheiben hinzufügen und die Zutaten gut vermengen.

Etwas Öl in einer Pfanne erhitzen. Die vorbereitete Tortillamasse einfüllen und etwa 4 Minuten anbraten, bis sich die Masse am Rand von der Pfanne löst. Anschließend mithilfe eines Tellers wenden und auf der zweiten Seite bei niedriger Temperatur weitere 4 Minuten anbraten. Den Vorgang des Wendens so oft wiederholen, bis die Tortilla von beiden Seiten goldbraun ist. Innen soll die Tortilla saftig bleiben. Die Tortilla dann aus der Pfanne nehmen.

ANRICHTEN

Das Omelett in kleine Stücke schneiden. Diese auf die Baguettescheiben setzen und jeweils mit einem Holzspieß fixieren. Die Scheiben auf einer Platte anrichten und servieren. Nach Belieben kann das Omelett auch in größere Stücke geschnitten und das Baguette daneben gereicht werden.

Buckler
DAURA
DAMM
VINOS
HOMENAJE
CERVEZA
PILSEN

BROCHETA DE GAMBAS – GARNELENSPIESSE
GAMBA BROTXETA

Wie alles, was fangfrisch aus dem Meer zu haben ist, werden auch Garnelen in San Sebastián gerne gegessen. Die besten Garnelenspieße soll es in der Bar Goiz Argi in der Altstadt geben. Leckere Garnelengerichte finden Sie aber auch sonst überall in der Stadt.

Für 4 Personen à 2 Pintxos | Zubereitungszeit: 20 Minuten

ZUTATEN

FÜR DIE VINAIGRETTE

1 kleine Zwiebel
1 kleine Knoblauchzehe
1 rote Paprikaschote
1 grüne Paprikaschote
1 kleine Karotte
60 ml Sonnenblumenöl
30 ml Olivenöl
40 ml Weißweinessig
40 ml Sherryessig
Salz
frisch gemahlener Pfeffer

FÜR DIE GARNELENSPIESSE

ca. 160 g küchenfertige große Garnelen (ca. 16 Stück)
Olivenöl zum Braten

AUSSERDEM

8 Scheiben Baguette
Olivenöl zum Rösten (optional)

ZUBEREITUNG

Für die Vinaigrette die Zwiebel und die Knoblauchzehe abziehen. Die Paprikaschoten waschen. Die Stielansätze, die Kerne und die Trennhäute entfernen. Die Karotte schälen. Das vorbereite Gemüse sehr fein hacken und in eine Schüssel geben.

Das Sonnenblumenöl, das Olivenöl, den Weißweinessig und den Sherryessig verrühren. Die Mischung mit dem Gemüse in der Schüssel vermengen und mit Salz und etwas Pfeffer abschmecken.

Für die Garnelenspieße jeweils 2 Garnelen auf einen Holzspieß stecken. Etwas Öl in einer Pfanne erhitzen und die Garnelenspieße darin von beiden Seiten anbraten.

ANRICHTEN

Die Baguettescheiben nach Belieben in einer Pfanne in etwas Öl leicht anrösten. Die Garnelenspieße auf die Baguettescheiben legen und jeweils 1 EL Vinaigrette über die Spieße verteilen. Die Pintxos auf einer Platte anrichten und servieren.

TIPP

Die baskische Küche ist sehr fleisch- und fischlastig. Nichts für Vegetarier also. Dieses Gericht können Sie aber auch Vegetariern servieren: Lassen Sie einfach die Gambas weg und geben Sie die Paprikavinaigrette auf geröstete Brotscheiben.

GAMBAS A LA GABARDINA – KNUSPRIG UMMANTELTE GARNELEN
GABARDINE IZKIRA

Gambas a la gabardina, wörtlich übersetzt »Garnelen im Regenmantel«, sind eine ausgezeichnete Alternative zu den Garnelenspießen.

Für 4 Personen à 2 Pintxos | Zubereitungszeit: 20 Minuten plus Zeit zum Quellen: 15 Minuten

ZUTATEN

90 g Weizenmehl Type 405 plus mehr nach Bedarf
½ TL Backpulver
200 ml Bier
1 Ei (Größe M)
Salz
Sonnenblumenöl zum Frittieren
24 küchenfertige Garnelen
Salz
1 große unbehandelte Zitrone, geviertelt

ZUBEREITUNG

Das Mehl mit dem Backpulver vermengen. Dann das Bier, das Ei und etwas Salz zufügen und alles zu einem dickflüssigen Teig verrühren. Diesen abgedeckt 15 Minuten quellen lassen. Anschließend nach Bedarf etwas Wasser oder Mehl hinzufügen.

Reichlich Sonnenblumenöl in einer Pfanne erhitzen. Die Garnelen durch den Teig ziehen, diesen etwas abtropfen lassen und die Garnelen portionsweise im heißen Öl rundherum goldbraun ausbacken. Mit einer Siebkelle aus dem Öl heben und auf Küchenpapier abtropfen lassen. Zuletzt dezent salzen.

ANRICHTEN

Jeweils 3 Gambas auf einen Holzspieß stecken. Zusammen mit den Zitronenspalten zum Beträufeln der Gambas servieren.

KURSAAL
TAQUERÍA

VINOS
PINTXOS

TAQUERÍA KURSAAL

Baskenland meets Mexiko

Die Taquería Kursaal liegt im hippen Stadtviertel Gros, unweit des bei Surfern beliebten Strands Zurriola und direkt am Fluss Urumea. Hier wird leckeres mexikanisches Essen serviert. Das war nicht immer so. Doch der hier unter anderem angebotene Taco Cochinita Pibil, ein Klassiker der mexikanischen Küche, kam so gut an, dass die Gäste nach immer weiteren mexikanischen Gerichten fragten. Und so wurde aus dem Café Kursaal die Taquería Kursaal.

Taquería Kursaal
Ramón María Lilí 2
20002 Donostia-San Sebastián
taqueriakursaal@gmail.com
+34 943 35 93 21
www.taqueriakursaal.com

CHAMPIÑONES AL HORNO – OFENCHAMPIGNONS
PERRETXIKO LABEAN

Pilze sind unglaublich wandelbar und daher zurecht bei den Basken sehr beliebt. In diesem Rezept werden sie unkompliziert zu Pintxos verarbeitet.

Für 4 Personen à 2 Pintxos | Zubereitungszeit: 10 Minuten plus Garzeit 25 Minuten

ZUTATEN

500 g braune Champignons
2 Knoblauchzehen
1 kleine Handvoll Petersilienblätter
100 ml Olivenöl plus etwas mehr zum Einfetten
Salz
8 Scheiben Baguette

ZUBEREITUNG

Den Backofen auf 180 °C Ober-/Unterhitze vorheizen.

Die Champignons putzen und die Köpfe von den Stielen trennen. Die Stiele werden für dieses Rezept nicht benötigt. Die Knoblauchzehen abziehen und fein hacken. Die Petersilienblätter waschen, trockentupfen und ebenfalls fein hacken. Den Knoblauch, die Petersilie und das Olivenöl in einer Schale verrühren. Die Mischung etwas salzen.

Den Boden eines tiefen Ofenblechs einfetten und die Champignonköpfe mit der Öffnung nach oben darin verteilen. Die Olivenöl-Mischung über die Champignons verteilen und im Ofen auf mittlerer Schiene in 20–25 Minuten backen. Anschließend aus dem Ofen nehmen und etwas abkühlen lassen.

ANRICHTEN

2–3 Champignons auf einen Holzspieß stecken und auf die (nach Belieben gerösteten) Baguettescheiben setzen. Auf einer Platte anrichten und servieren.

TARTALETAS DE HONGOS CON IDIAZÁBAL – TARTELETTES MIT PILZEN UND KÄSE

TXALUPA

Txalupa sind kleine bootsförmige Quiches. Von ihrer Form leitet sich auch der Name ab: Übersetzt bedeutet *txalupa* »Boot«. In diesem Rezept werden die Tartelettes rund gebacken – einfachheitshalber. Gefüllt werden sie hier mit in Nordspanien beliebten Zutaten: Pilzen und Idiazábal-Käse.

Für 12 Pintxos | Zubereitungszeit: 30 Minuten plus Backzeit 30 Minuten

ZUTATEN

FÜR DEN TEIG

330 g Mehl
1 ¼ TL Salz
130 g Butter
9 EL Wasser
Hülsenfrüchte oder Reis zum Blindbacken

FÜR DIE FÜLLUNG

500 g Pilze nach Wahl (z. B. Steinpilze, Champignons)
1 Knoblauchzehe
Olivenöl zum Anbraten
Salz
frisch gemahlener schwarzer Pfeffer
75 g Idiazábal-Käse am Stück

AUSSERDEM

1 EL gehackte frische glatte Petersilie

ZUBEREITUNG

Für den Teig das Mehl und das Salz in einer Schüssel vermengen. Die Butter grob in Würfel schneiden und zusammen mit 9 EL Wasser zum Mehl geben. Die Zutaten von Hand zu einem festen Teig verkneten. Diesen in Frischhaltefolie eingewickelt etwa 30 Minuten kühl stellen.

Den Backofen auf 220 °C Ober-/Unterhitze vorheizen. Den Teig zu einer Rolle formen und in 12 gleichgroße Portionen teilen. Diese zu runden Scheiben ausrollen und in die Mulden eines Muffinblechs drücken, dabei einen Rand hocharbeiten. Etwas Backpapier zu 12 kleineren Quadraten zuschneiden. Die Teiglinge damit bedecken und mit Hülsenfrüchten oder Reis beschweren. Dann im vorgeheizten Ofen auf mittlerer Schiene in etwa 20 Minuten blind goldbraun backen. Anschließend aus dem Ofen nehmen und etwas abkühlen lassen. Danach die Hülsenfrüchte oder den Reis und die Backpapierzuschnitte entfernen.

In der Zwischenzeit für die Füllung die Pilze putzen und grob klein schneiden. Die Knoblauchzehe abziehen und fein hacken. Olivenöl in einer Pfanne erhitzen. Den Knoblauch kurz darin anschwitzen. Dann die Pilze zugeben und bei mittlerer Temperatur weich braten. Danach dezent mit Salz und Pfeffer abschmecken. Den Käse reiben.

Den Pfanneninhalt gleichmäßig in die vorgebackenen Tartelettes füllen und mit dem Käse bestreuen. Die Tortelettes anschließend im vorgeheizten Backofen auf einer oberen Schiene backen, bis der Käse leicht bräunt. Dann aus dem Ofen nehmen und etwas abkühlen lassen.

ANRICHTEN

Die Tartelettes mit der Petersilie bestreuen und lauwarm servieren.

TARTALETAS DE LANGOSTINOS – TARTELETTES MIT LANGUSTEN

TXALUPA

Eine andere beliebte Variante der Schiffchen sind diese mit Langusten.

Für 8 Pintxos | Zubereitungszeit: 20 Minuten plus Backzeit 20–30 Minuten

ZUTATEN

350 g Blätterteig (1 Rolle plus etwas mehr; Kühltheke)
1 EL Butter plus mehr zum Einfetten
Hülsenfrüchte oder Reis zum Blindbacken
1 große Zwiebel
3 mittelgroße Steinpilze
8 küchenfertige Langusten ohne Schale und entdarmt (alternativ Garnelen, Crevetten oder Scampi)
150 ml trockener Sekt
3 EL Weizenmehl Type 405 oder 550
50 ml flüssige Sahne
Salz
75 g Parmesan am Stück

ZUBEREITUNG

Den Backofen auf 220 °C Ober-/Unterhitze vorheizen.

Den Blätterteig auslegen und 8 Kreise mit einem Durchmesser von etwa 12 cm ausstechen. 8 Tarteletteförmchen (Durchmesser 10 cm) einfetten und mit den Teigkreisen auskleiden. Die Böden mit einer Gabel mehrfach einstechen. 8 Backpapier-Kreise à 12 Durchmesser zuschneiden. Die Tarteletteförmchen damit auslegen und mit Hülsenfrüchten oder Reis beschweren. Dann im vorgeheizten Ofen auf mittlerer Schiene in etwa 20 Minuten goldbraun backen. Anschließend aus dem Ofen nehmen und etwas abkühlen lassen. Danach die Hülsenfrüchte oder den Reis und die Backpapierzuschnitte entfernen.

In der Zwischenzeit für die Füllung die Zwiebel abziehen und die Pilze gründlich putzen. Beides fein hacken. Die Langusten in kleine Würfel schneiden. Die Butter in einer Pfanne bei mittlerer Temperatur erhitzen und die Zwiebel darin anschwitzen. Bevor die Stücke Farbe annehmen, die Pilze zufügen und 5 Minuten mit anschwitzen. Den Pfanneninhalt dann mit dem Sekt ablöschen und diesen etwas reduzieren. Danach die Langusten zugeben.

Das Mehl mit der Sahne zu einer Paste verrühren. Diese in die Pfanne geben und den Sud damit abbinden. Die Mischung mit Salz abschmecken.

Den Backofen auf Grillstufe vorheizen. Den Pfanneninhalt gleichmäßig in den Blätterteig-Tartelettes verteilen. Den Parmesan reiben und die Füllung damit bestreuen. Die Tartelettes anschließend im vorgeheizten Backofen auf einer oberen Schiene backen, bis der Käse leicht bräunt. Dann aus dem Ofen nehmen und etwas abkühlen lassen.

ANRICHTEN

Die Tartelettes auf Tellern anrichten und lauwarm servieren.

CROQUETAS DE JAMÓN IBÉRICO – SCHINKENKROKETTEN
URDAIAZPIKO IBERIKOKO KROKETAK

Croquetas, ein Klassiker der spanischen Küche, stehen auch in San Sebastián auf vielen Bartheken. Diese Kroketten werden nicht wie bei uns aus Kartoffeln hergestellt, sondern aus einer festen Béchamelmasse. Kreiert wurde das Gericht in Frankreich. Sie passen also perfekt in die ohnehin französisch geprägte baskische Küche.

Für 4 Personen à 2 Pintxos | Zubereitungszeit: 25 Minuten plus Kühlzeit 2 Stunden

ZUTATEN

FÜR DIE BÉCHAMELMASSE

150 g *jamón ibérico* (iberischer Schinken)
½ Zwiebel
3 EL Olivenöl
40 g Butter
75 g Weizenmehl Type 405
1 Prise frisch geriebene Muskatnuss
Salz
frisch gemahlener schwarzer Pfeffer
350 ml Vollmilch

AUSSERDEM

2 Eier (Größe M)
100 g Semmelbrösel zum Panieren
Sonnenblumenöl zum Frittieren

ZUBEREITUNG

Für die Béchamelmasse den Schinken klein schneiden. Die ½ Zwiebel abziehen und fein hacken. 1 ½ EL Olivenöl und die Butter in einer Pfanne bei mittlerer Temperatur erhitzen. Die Zwiebel darin glasig anschwitzen. Dann den Schinken zufügen und 1–2 Minuten mitgaren. Anschließend das Mehl darüberstreuen und unter Rühren 2 Minuten mit anschwitzen. Die Temperatur reduzieren und die Mehlschwitze mit Muskatnuss, Salz sowie Pfeffer würzen. Inzwischen die Milch lauwarm erhitzen.

Etwas von der lauwarmen Milch unter ständigem Rühren in die Pfanne gießen und die Mehlschwitze glatt rühren. Dann wieder etwas von der lauwarmen Milch zugeben und glatt einrühren. Den Vorgang wiederholen, bis die gesamte Milch aufgebraucht ist. Die entstandene Sauce unter Rühren bei niedriger Temperatur erhitzen, bis sich eine dicke Béchamelmasse gebildet hat. Diese in ein flaches Gefäß (z. B. eine Auflaufform) umfüllen und mit einem angefeuchteten Löffel gleichmäßig darin verstreichen. Die Masse zunächst abkühlen lassen und anschließend abgedeckt für 2 Stunden kühl stellen.

Zum Fertigstellen aus der erkalteten Masse mithilfe eines Esslöffels 8 Nocken abstechen und daraus Kroketten formen. Die Eier in einer Schale verquirlen und die Semmelbrösel in einen tiefen Teller geben. Die Kroketten zunächst in den Semmelbröseln wenden, dann in den verquirlten Eiern und zum Schluss erneut in den Semmelbröseln. Die panierten Kroketten portionsweise in reichlich heißem Sonnenblumenöl rundherum goldbraun frittieren. Mit einer Siebkelle aus dem Öl nehmen und auf Küchenpapier abtropfen lassen.

ANRICHTEN

Die Kroketten lauwarm oder kalt auf einer Platte anrichten.

CROQUETAS DE MERLUZA – SEEHECHTKROKETTEN
LEGATZA KROKETAK

In *croquetas* können Sie wunderbar Reste verwerten, denn ganz nach Gusto können Sie untermischen, was Ihnen schmeckt. Hier eine Variante mit dem in San Sebastián beliebten Seehecht.

Für 4 Personen à 2 Pintxos | Zubereitungszeit: 30 Minuten plus Kühlzeit 2 Stunden

ZUTATEN

FÜR DIE BÉCHAMELMASSE

225 g küchenfertiges Seehechtfilet ohne Haut
Salz
frisch gemahlener schwarzer Pfeffer
1 Knoblauchzehe
½ Zwiebel
3 EL Olivenöl
40 g Butter
1 EL gehackte frische glatte Petersilie
75 g Weizenmehl Type 405
1 Prise frisch geriebene Muskatnuss
350 ml Vollmilch

ZUBEREITUNG

Für die Béchamelmasse das Fischfilet in kleine Stücke schneiden. Die Stücke mit Salz und Pfeffer würzen. Die Knoblauchzehe und die ½ Zwiebel abziehen. Getrennt voneinander fein hacken. 1 ½ EL Olivenöl in einer Pfanne bei mittlerer Temperatur erhitzen. Den Fisch zusammen mit dem Knoblauch darin anbraten, bis der Fisch eine weiße Farbe angenommen hat und nicht mehr glasig ist. Den Pfanneninhalt dann in ein hitzebeständiges Gefäß umfüllen und beiseitestellen.

1 ½ EL Olivenöl und die Butter in derselben Pfanne bei mittlerer Temperatur erhitzen. Die Zwiebel darin zusammen mit der Petersilie glasig anschwitzen. Dann das Mehl darüberstreuen und unter Rühren 2 Minuten mit anschwitzen. Die Temperatur reduzieren und die Mehlschwitze mit Muskatnuss, Salz sowie Pfeffer würzen. Inzwischen die Milch lauwarm erhitzen.

Etwas von der lauwarmen Milch unter ständigem Rühren in die Pfanne gießen und die Mehlschwitze glatt rühren. Dann wieder etwas von der lauwarmen Milch zugeben und glatt einrühren. Den Vorgang wiederholen, bis die gesamte Milch aufgebraucht ist. Die entstandene Sauce dann unter Rühren bei niedriger Temperatur erhitzen, bis sich eine dicke Béchamelmasse gebildet hat. Den Fisch zufügen, gründlich untermengen und dabei noch weiter zerteilen. Die Masse danach in ein flaches Gefäß (z. B. eine Auflaufform) umfüllen und mit einem angefeuchteten Löffel gleichmäßig darin verstreichen. Dann abkühlen lassen und anschließend abgedeckt für 2 Stunden kühl stellen.

AUSSERDEM

2 Eier (Größe M)
100 g Semmelbrösel zum Panieren
Sonnenblumenöl zum Frittieren

Zum Fertigstellen aus der erkalteten Masse mithilfe eines Esslöffels 8 Nocken abstechen und daraus Kroketten formen. Die Eier in einer Schale verquirlen und die Semmelbrösel in einen tiefen Teller geben. Die Kroketten zunächst in den Semmelbröseln wenden, dann in den verquirlten Eiern und zum Schluss erneut in den Semmelbröseln. Die panierten Kroketten portionsweise in reichlich heißem Sonnenblumenöl rundherum goldbraun frittieren. Mit einer Siebkelle aus dem Öl nehmen und auf Küchenpapier abtropfen lassen.

ANRICHTEN

Die Kroketten lauwarm oder kalt auf einer Platte anrichten.

CROQUETAS DE BOLETUS – STEINPILZKROKETTEN

BOLETUS KROKETAK

Das typisch baskische Essen kann Vegetarier vor Herausforderungen stellen; Fisch und Fleisch stehen häufig auf der Speisekarte. Trotzdem werden natürlich auch Vegetarier fündig. Gerade in trendigen kleinen Lokalen finden sich zahlreiche vegetarische und vegane Gerichte. Und zu Hause zubereitet, lässt sich (fast) jeder Pintxo vegetarisch abwandeln. Wie wäre es beispielsweise mit ein paar Steinpilzkroketten?

Für 4 Personen à 2 Pintxos | Zubereitungszeit: 25 Minuten plus Kühlzeit 2 Stunden

ZUTATEN

FÜR DIE BÉCHAMELMASSE

175 g frische Steinpilze
1 ½ EL raffiniertes Olivenöl
40 g Butter
75 g Weizenmehl Type 405
1 Prise frisch geriebene Muskatnuss
Salz
frisch gemahlener schwarzer Pfeffer
350 ml Vollmilch

AUSSERDEM

2 Eier (Größe M)
100 g Semmelbrösel zum Panieren
Sonnenblumenöl zum Frittieren

ZUBEREITUNG

Für die Béchamelmasse die Steinpilze putzen und sehr klein schneiden. Das Olivenöl und die Butter in einer Pfanne bei mittlerer Temperatur erhitzen. Die Pilze darin etwa 4 Minuten anschwitzen. Dann das Mehl darüberstreuen und unter Rühren 2 Minuten mit anschwitzen. Die Temperatur reduzieren und die Mehlschwitze mit Muskatnuss, Salz sowie Pfeffer würzen. Inzwischen die Milch lauwarm erhitzen.

Etwas von der lauwarmen Milch unter ständigem Rühren in die Pfanne gießen und die Mischung glatt rühren. Dann wieder etwas von der lauwarmen Milch zugeben und glatt einrühren. Den Vorgang wiederholen, bis die gesamte Milch aufgebraucht ist. Die entstandene Sauce dann unter Rühren bei niedriger Temperatur erhitzen, bis sich eine dicke Béchamelmasse gebildet hat. Diese in ein flaches Gefäß (z.B. eine Auflaufform) umfüllen und mit einem angefeuchteten Löffel gleichmäßig darin verstreichen. Dann abkühlen lassen und anschließend abgedeckt für 2 Stunden kühl stellen.

Zum Fertigstellen aus der erkalteten Masse mithilfe eines Esslöffels 8 Nocken abstechen und daraus Kroketten formen. Die Eier in einer Schale verquirlen und die Semmelbrösel in einen tiefen Teller geben. Die Kroketten zunächst in den Semmelbröseln wenden, dann in den verquirlten Eiern und zum Schluss erneut in den Semmelbröseln. Die panierten Kroketten portionsweise in reichlich heißem Sonnenblumenöl rundherum goldbraun frittieren. Mit einer Siebkelle aus dem Öl nehmen und auf Küchenpapier abtropfen lassen.

ANRICHTEN

Die Kroketten lauwarm oder kalt auf einer Platte anrichten.

CROQUETAS VEGANAS – VEGANE KROKETTEN

KROKETA VEGANAK

Der Trend, vegan zu kochen, lässt selbst die sonst so traditionsverbundenen *donostiarras* nicht kalt. Daher können Sie sich in San Sebastián den Klassiker *croquetas* auch in einer veganen Variante schmecken lassen. Die veganen Kroketten der Bar Txalupa wurden 2020 unter die 99 besten Pintxos der Stadt gewählt. Sie werden in Panko-Mehl gewendet und sind dadurch besonders knusprig.

Für 4 Personen à 2 Pintxos | Zubereitungszeit: 25 Minuten plus Kühlzeit 2 Stunden

ZUTATEN

FÜR DIE BÉCHAMELMASSE

1 kleine grüne Paprikaschote
1 kleine rote Paprikaschote
Olivenöl zum Anschwitzen
75 g Weizenmehl Type 405
Salz
frisch gemahlener schwarzer Pfeffer
150 ml Kokosmilch
1–2 TL rote Currypaste

AUSSERDEM

5 EL Weizenmehl Type 405 zum Panieren
100 g Panko-Mehl (grobes Paniermehl) zum Panieren
Sonnenblumenöl zum Frittieren

ZUBEREITUNG

Für die Béchamelmasse die Paprikaschoten waschen. Die Stielansätze, die Kerne und die Trennhäute entfernen. Das Fruchtfleisch im Universalzerkleinerer sehr fein hacken. Etwas Olivenöl in einer Pfanne bei mittlerer Temperatur erhitzen. Die Paprika darin weich anschwitzen. Dann das Mehl darüberstreuen und unter Rühren 2 Minuten mit anschwitzen. Die Temperatur reduzieren und die Mehlschwitze mit Salz sowie Pfeffer würzen. Inzwischen die Kokosmilch mit 150 ml Wasser verrühren und lauwarm erhitzen.

Etwas vom lauwarmen Kokosmilch-Wasser-Gemisch unter ständigem Rühren in die Pfanne gießen und die Mischung glatt rühren. Den Vorgang wiederholen, bis die gesamte Flüssigkeit aufgebraucht ist. Die entstandene Sauce dann unter Rühren bei niedriger Temperatur erhitzen, bis sich eine dicke Béchamelmasse gebildet hat. Nun die Currypaste unterrühren. Die Masse danach in eine flache Schale geben und mit einem angefeuchteten Löffel gleichmäßig verstreichen. Dann abkühlen lassen und anschließend abgedeckt für 2 Stunden kühl stellen.

Zum Fertigstellen aus der erkalteten Masse mithilfe eines Esslöffels 8 Nocken abstechen und daraus Kroketten formen. Die 5 EL Mehl zum Panieren in einer Schale mit etwas Wasser zu einer dickflüssigen Paste verrühren. Das Panko-Mehl in einen tiefen Teller geben. Die Kroketten im Panko-Mehl wenden, dann in der Mehlpaste und zum Schluss erneut im Panko-Mehl. Die panierten Kroketten portionsweise in reichlich heißem Sonnenblumenöl goldbraun frittieren. Mit einer Siebkelle aus dem Öl nehmen und auf Küchenpapier abtropfen lassen.

ANRICHTEN

Die Kroketten lauwarm oder kalt auf einer Platte anrichten.

BOMBÓN DE QUESO Y PISTACHOS – FRISCHKÄSEPRALINEN MIT PISTAZIEN

GAZTA KREMAZKO PRALINAK PISTATXOEKIN

In San Sebastián durch die Pintxos-Bars zu ziehen, ist auch deswegen ein Erlebnis, weil sich auf den Theken wahre Kunstwerke türmen. Mit schlichter Eleganz bestechen diese Qiúitten-brot-Pistazien-Häppchen.

Für 4 Personen à 2 Pintxos | Zubereitungszeit: 15 Minuten

ZUTATEN

250 g Ziegenfrischkäse
100 g naturbelassene Pistazienkerne
50 g *membrillo* (Quittenbrot)
8 Scheiben Baguette

ZUBEREITUNG

Den Ziegenfrischkäse in ein Käse- oder Küchentuch geben und etwas abtropfen lassen. Die Pistazienkerne fein mahlen (z.B. im Universalzerkleinerer). Das Quittenbrot in 8 etwa Haselnuss große Stücke teilen.

Den Ziegenfrischkäse noch etwas ausdrücken dann 1 EL voll abnehmen. 1 Stück Quittenbrot hineindrücken und den Frischkäse zu einer Kugel formen. Diese in den gemahlenen Pistazienkernen wälzen. Die übrigen Frischkäsepralinen ebenso zubereiten.

ANRICHTEN

Die Frischkäsepralinen auf die (nach Belieben gerösteten) Baguettescheiben geben und jeweils mit einem Holzspieß fixieren und servieren.

FOIE A LA PLANCHA – GEBRATENE GÄNSESTOPFLEBER
FOIE PLANTXAN

Foie gras darf bei uns nicht hergestellt werden, da die Aufzucht großes Leid für die Tiere bedeutet. Im Baskenland, wie auch im angrenzenden Frankreich, ist Foie gras allerdings eine verbreitete Delikatesse. Das »schmeckt« im wahrsten Sinne des Wortes nicht jedem. Mittlerweile gibt es aber Alternativen, bei denen die Gänsezucht nach eigenen Angaben ohne Zwangsernährung erfolgt. Außerdem finden sich online Rezepte für selbst gemachte (Leber-)Pasteten, die mit dem Geschmack und Konsistenz der Gänsestopfleber konkurrieren können. Man kann es mögen oder nicht: Foie gras ist ein baskisches Kultrezept.

Für 4 Personen à 2 Pintxos | Zubereitungszeit: 10 Minuten

ZUTATEN

200–225g Foie gras (Gänsestopfleber) am Stück bzw. eine Alternative (z. B. Leberterrine)
250 g *membrillo* (Quittenbrot)
8 Scheiben Baguette oder Brioche
Trüffelöl zum Beträufeln (optional)
grobes Meersalz

ZUBEREITUNG

Die Foie gras und das Quittenbrot in jeweils 8 Scheiben schneiden. Eine antihaftbeschichtete Pfanne bei hoher Temperatur erhitzen. Die Gänsestopfleber in der heißen Pfanne ohne Fettzugabe von beiden Seiten 1–2 Minuten kräftig anbraten.

ANRICHTEN

Die Quittenbrotscheiben auf Teller verteilen. Die (nach Belieben gerösteten) Baguette- oder Briochescheiben aufsetzen. Die gebratene Foie gras darauf anrichten. Nach Belieben mit Trüffelöl beträufeln und mit grobem Salz bestreuen.

MINI-HAMBURGESA DE SECERETO IBÉRICO – MINI-BURGER MIT »VERSTECKTEM« SCHWEINEFLEISCH
MINI-BURGER SEKRETU IBERIKOA

Das in diesem Gericht verwendete *secreto ibérico* ist ein Muskel, der sich im Rücken des Schweins »versteckt« und daher eher unbekannt ist. Das Fleisch der iberischen Schweinerasse gilt als besonders saftig und geschmackvoll. Eine exquisite Zutat, die einen einfachen Burger besonders macht. Die *mini-hamburguesa de secreto ibérico* des Restaurants Kukuarri findet sich 2020 auf der Liste der 99 besten Pintxos der Stadt. Ausgewählt wurden diese von den Sterneköchen der Region.

Für 4 Personen à 2 Mini-Burger | Zubereitungszeit: 30 Minuten

ZUTATEN

FÜR DIE PATTYS

350 g *secreto ibérico* (Muskelstück am Rücken)
350 g Rinderhackfleisch
1 Ei (Größe M)
50 g Semmelbrösel
Salz
frisch gemahlener schwarzer Pfeffer

AUSSERDEM

8 Mini-Burgerbrötchen mit Sesam
Mayonnaise (siehe Seite 210) zum Bestreichen
1 Handvoll Rucola
2 rote Schalotten

ZUBEREITUNG

Für die Pattys den *secreto ibérico* sehr fein hacken oder durch den Fleischwolf drehen. Das zerkleinerte Fleisch mit dem Rinderhack (das Fleisch mindestens 30 Minuten vor der Zubereitung aus dem Kühlschrank nehmen), dem Ei und den Semmelbröseln in einer Schüssel verkneten. Die Masse mit Salz und Pfeffer würzen. Anschließend noch einmal durchkneten und aus der Masse 8 kleine Pattys formen. Diese portionsweise in einer Grillpfanne von beiden Seiten jeweils 3–4 Minuten anbraten.

Inzwischen die Burgerbrötchen aufschneiden und die Schnittflächen in einer Grillpfanne leicht anrösten. Anschließend herausnehmen und die Schnittflächen mit etwas Mayonnaise bestreichen. Den Rucola gründlich waschen, trockenschütteln und je nach Größe halbieren. Die Schalotten abziehen und in feine Spalten schneiden.

ANRICHTEN

Die Pattys auf die unteren Brötchenhälften setzen. Das Fleisch mit dem Rucola und den Schalottenspalten toppen. Anschließend die oberen Brötchenhälften aufsetzen und mit einem Holzspieß fixieren. Die Burger auf einer Platte anrichten und servieren.

PAN BAO CON CARNE – PAN BAO MIT HACKFLEISCH
PAN BAO HARAGIAREKIN

Pan bao sind eine Art chinesischer Burger. Bei uns werden diese manchmal auf Streetfood-Märkten angeboten. Da sie in die Kategorie »Fingerfood« fallen, bieten es sich geradezu an, sie als Pintxos zu servieren; so wie es in San Sebastián die Bar Sirimiri macht. Je nach Saison werden die Brötchen unterschiedlich gefüllt. Der Phantasie sind hier also keine Grenzen gesetzt.

Für 4 Portionen à 2 Pintxos | Zubereitungszeit: 20 Minuten plus Ruhezeit 1 Stunde 35 Minuten plus Garzeit 20 Minuten

ZUTATEN

FÜR DIE BAO BUNS

125 g Weizenmehl Type 550
50 g Maismehl
5 g frische Hefe
75 ml Vollmilch
1 EL Sonnenblumenöl plus mehr zum Bestreichen
2 gestr. TL Zucker
¼ TL Salz

AUSSERDEM

Olivenöl zum Braten
250 g Rinderhackfleisch
3 EL Teriyaki-Sauce
1 rote Zwiebel
¼ Bio-Salatgurke

ZUBEREITUNG

Für die *Bao Buns* das Mehl und das Maismehl in einer Schüssel vermengen. In der Mitte eine Mulde formen und die Hefe hineingeben. 3 EL lauwarmes Wasser zufügen und mit etwas Mehl vom Rand der Mulde zu einem Brei verrühren. Die Schüssel abdecken und den Hefevorteig etwa 15 Minuten ruhen lassen.

Die Milch lauwarm erwärmen. Diese zusammen mit dem Öl, dem Zucker und dem Salz zum Vorteig geben. Die Zutaten zu einem glatten Teig verkneten. Nach Bedarf noch etwas Wasser zufügen. Den Teig zu einer Kugel formen und abgedeckt etwa 1 Stunde gehen lassen.

Den aufgegangenen Teig etwa 0,5 cm dick rund ausrollen und 8 Kreise (Ø etwa 8 cm) ausstechen. Diese zu Ovalen ausrollen, dünn mit Öl bepinseln und zusammenklappen, sodass Halbmonde entstehen. Die Teiglinge abdecken und weitere 20 Minuten gehen lassen.

Danach Wasser in einem Topf mit Dampfeinsatz aufkochen. Der Dampfeinsatz sollte das Wasser nicht berühren. Aus Backpapier kleine Quadrate ausschneiden, die etwas größer sind, als die Teig-Halbmonde. Die Bao Buns auf die Backpapierzuschnitte legen und in den Dampfeinsatz setzen. Bei aufgesetztem Deckel portionsweise etwa 10 Minuten dämpfen. Anschließend aus dem Topf nehmen und abkühlen lassen.

Für die Füllung etwas Olivenöl in einer Pfanne bei mittlerer Temperatur erhitzen. Das Hackfleisch darin braun anbraten. Dann die Teriyaki-Sauce untermischen und köcheln lassen, bis nur noch wenig Flüssigkeit verbleibt. Die Mischung mit Salz und Pfeffer abschmecken.

Die Zwiebel abziehen und in feine Spalten schneiden. Die Gurke gründlich waschen und in Ringe schneiden.

ANRICHTEN

Die Buns mit dem Hackfleisch füllen. Dann die Zwiebel und die Gurke auf die Hackfleischfüllung geben. Auf Einschlagpapier angerichtet warm servieren.

TACO COCHINITA PIBIL

TACO DE COCHINITA PIBIL

Tacos ein Kultrezept aus San Sebastián? Auf jedem Fall! Diese Tacos sind zugegebenermaßen kein baskisches Traditionsgericht, den Kultstatus verdienen sie trotzdem, denn nicht ohne Grund wurde dieser Taco 2020 als einer der 99 besten Pintxos der Stadt gekürt. Zu bekommen ist der mexikanische Klassiker in der Taquería Kursaal. Anfangs nur ein Pintxo unter vielen, fragten die Gäste nach weiteren Varianten. Mittlerweile serviert das Restaurant nur noch mexikanisches Essen.

Für 4 Personen à 2 Tacos | Zubereitungszeit: 50 Minuten plus Garzeit 3 Stunden

ZUTATEN

FÜR DAS PULLED PORK

1 kg Schweinefleisch aus der Keule
¼ Zwiebel
¼ Knoblauchzehe
2 TL Annattosamen (Samen des Orleansstrauchs; online erhältlich)
1 Prise geriebene Guajillo-Chilischote
frisch gemahlener schwarzer Pfeffer
1 Prise gemahlener Koriander
etwas getrockneter Oregano
Saft von 1 kleine Limette
80 ml Orangensaft
Bananenblätter (im Asialaden erhältlich)

FÜR DIE MARINIERTE ZWIEBEL

1 rote Zwiebel
Saft von 1 Limette
3 EL Weißweinessig
¼ TL Zucker
¼ TL Salz

ZUBEREITUNG

Für das Pulled Pork am Vortag das Fleisch in etwa 5 cm große Würfel schneiden. Die Zwiebel und die Knoblauchzehe abziehen. Beides fein hacken. Die Gewürze im Mörser zerreiben. Den Limetten- und den Orangensaft mit den übrigen Zutaten für die Füllung vermengen. Das eingelegte Fleisch abgedeckt 24 Stunden kühl durchziehen lassen.

Für die marinierte Zwiebel diese ebenfalls am Vortag abziehen und in sehr feine Streifen schneiden. Den Limettensaft, den Weißweinessig, den Zucker und das Salz zu einer Marinade verrühren. Die Zwiebel darin 24 Stunden einlegen.

Am nächsten Tag den Backofen auf 160 °C Ober-/Unterhitze vorheizen. Eine Auflaufform mit Bananenblättern auslegen. Das eingelegte Fleisch mit der Marinade hineingeben und mit weiteren Bananenblätter bedecken. Die Auflaufform rundherum in Alufolie wickeln, sodass kein Saft austreten kann. Das Fleisch im vorgeheizten Ofen auf mittlerer Schiene 3 Stunden garen. Anschließend in einen Topf geben und mit einer Gabel zerzupfen. Das Pulled Porked erhitzen und nach Bedarf die Flüssigkeit etwas einkochen.

Für die Guacamole das Fruchtfleisch aus den Avocados lösen und mit einer Gabel zerdrücken. Das Fruchtfleisch mit dem Limettensaft glatt rühren. Die Zwiebel abziehen und fein hacken. Die Tomate waschen, den Blütenansatz herausschneiden, das Fruchtfleisch entkernen und in kleine Würfel schneiden. Die Zwiebel und die Tomate unter das Avocadopüree mischen. Den Koriander waschen, trockenschütteln, fein hacken und unter die Guacamole mengen. Bis zum Anrichten abgedeckt kühlstellen.

FÜR DIE GUACAMOLE

2 Avocados
Saft von 1 Limette
1 kleine rote Zwiebel
1 Tomate
etwas Koriander (optional)

FÜR DIE TORTILLAS

200 g Maseca-Maismehl (Maismehl für Tortillas)
¼ TL Salz
Sonnenblumenöl zum Backen

AUSSERDEM

einige Korianderblättchen (optional)

Für die Tortillas das Maismehl mit dem Salz vermengen. Dann 75 ml lauwarmes Wasser zufügen und die Zutaten mindesten 5 Minuten zu einem glatten Teig verkneten. Nach Bedarf noch mehr Wasser zugeben. Anschließend abgedeckt 20 Minuten ruhen lassen.

Den Teig danach in 8 Portionen teilen. Diese zu Kugeln rollen und zum Beispiel mit einem Topfboden zu runden Fladen plattieren. Die Teigfladen nacheinander in einer leicht geölten Pfanne unter mehrfachem Wenden von beiden Seiten leicht braun backen.

ANRICHTEN

Auf jede Tortilla etwas Guacamole geben. Darauf ein wenig Fleisch verteilen und mit der marinierten Zwiebel garnieren. Nach Belieben mit Korianderblättern garnieren und servieren.

TIPP

Da es sich um ein aufwendiges Rezept handelt, lohnt es sich, gleich die doppelte oder dreifache Menge zuzubereiten, und die Tacos als Hauptgericht zu servieren.

RESTAURANT

KULTGERICHTE

In diesem Kapitel finden Sie Vorspeisen, Suppen und Hauptgerichte. Bei einigen Rezepten wie der *marmitako* oder dem *sukalki* handelt es sich um Gerichte, die traditionell am heimischen Herd zubereitet werden und nur auf wenigen Speisekarten zu finden sind. Andere dagegen, werden in nahezu jedem baskischen Restaurant der Stadt serviert, so etwa die *ensalada mixta* oder die *sopa a la donostiarra*.

INTRO

Nicht alle hier vorgestellen Kultgerichte haben ihren Ursprung in San Sebastián. Der *bacalao al pil-pil* beispielsweise war ursprüngliche eine Spezialität aus Bilbao. Er zählt jedoch zu den großen Klassikern der baskischen Küche und wird in San Sebastián in vielen Lokalen angeboten.

Andere Gerichte sind enger mit San Sebastián verbunden oder, besser ausgedrückt, geradezu mit der Stadt verwoben. So etwa die *merluza a la donostiarra* (auch: *merluza a la vasca oder a la koxkera*) oder der *txangurro a la donostiarra*, die diese Verbindung mit »a la donostiarra« (abgeleitet von Donostia, der offiziellen baskischen Stadtbezeichnung) schon im Namen tragen.

Auf die eine oder andere Weise verdient so jedes Rezept seinen »Kultstatus«.

DIE KÜCHE SAN SEBASTIÁNS

Die Küche San Sebastiáns ist zunächst einmal eine baskische, die auf frische, regionale Zutaten setzt. Das heißt, viel Fisch, Meeresfrüchte, Fleisch und Gemüse. Im Frühjahr gibt es etwa reichlich Sardellen, Erbsen, Bohnen, Spargel oder Mangold. Im Sommer den weißen Thunfisch, Tomaten und Paprika. Im Herbst sind es vor allem Pilze, die frisch verarbeitet werden und man isst sich häufiger als im Sommer an Fleisch satt. Im Winter sind es schließlich Bohnen und Krebse, die ihren Weg in die Küchen finden.

Mit viel Fisch, Meeresfrüchten und Fleisch wird somit proteinreich gegessen. Sättigungsbeilagen spielen keine große Rolle, Nudeln fast gar nicht. Brot wird jedoch gerne zum Essen gereicht. Eine der beliebtesten Zubereitungsarten ist es, zu grillen oder zu braten (*a la parilla* oder *a la plancha*), und die Produkte möglichst unverfälscht auf den Tisch zu bringen. Ein gutes Lebensmittel steht für sich und sollte durch nichts »entstellt« werden. Deswegen wird auch nicht zu stark gewürzt. Es ist die Kunst, aus wenig viel zu machen.

Obwohl die meisten Gerichte einfach zuzubereiten sind, müssen manche, wie etwa die *alubias de Tolosa* oder die Kalbsbäckchen in Rotwein, lange schmoren und sind insofern zeitintensiv. Natürlich alles im Sinne eines bestmöglichen Geschmacksergebnisses. Den Zutaten wird so Liebe und Respekt entgegengebracht und ihnen die nötige Zeit gegeben, um besten Geschmack zu schenken.

DIE REZEPTE

Die Zusammenstellung der nachfolgenden Kultgerichte ist bei Weitem nicht vollständig, sollte Ihnen jedoch einen vielfältigen Einblick in die Küche San Sebastiáns geben - egal, ob beim Nachkochen oder Schmökern.

Klassiker, die es unbedingt zu probieren gilt, sind das *txuleta* (siehe Seite 126) und *chipirones en su tinta* (siehe Seite 116). Sie gehören zu den kulinarischen Aushängeschildern der Stadt.

the new
sansse
the new

Sidra SAIZAR

THE NEW SANSSE

Tradition trifft Moderne

Das Restaurant The New Sansse befindet sich ganz in der Nähe des Strandabschnitts La Concha. Hier werden in modernem Ambiente traditionelle Gerichte serviert. Auf der Speisekarte stehen etwa sopa *de pescado a la donostiarra, carrilleras de ternera* und *mamia*. Das Essen wird auf höchstem Niveau angerichtet (auch die Pintxos), was unterstreicht, dass hier mit Liebe gekocht und Gäste empfangen werden. Das Restaurant legt viel Wert auf Regionalität beispielsweise auch bei der Weinauswahl.

San Martzial Kalea, 37
20005 Donostia-San Sebastián
info@sanssedonosti.com
+34 943 43 49 22
sanssedonosti.com

ENSALADA MIXTA – GEMISCHTER SALAT
ENTSALADA MISTOA

Entsalada mistoa können Sie in San Sebastián in fast jedem Restaurant bestellen. Ein echtes Kultgericht also. Da im Baskenland ein Hauptgericht hauptsächlich aus Fleisch oder Fisch besteht, bietet sich der Salat nicht nur als Vorspeise an, sondern auch als Beilage zusammen mit etwas frischem Brot.

Für 4 Personen als Vorspeise | Zubereitungszeit: 10 Minuten plus Garzeit 35 Minuten

ZUTATEN

FÜR DEN SALAT

1 große festkochende Kartoffel
2 Eier (Größe M)
1 Kopf Romanasalat
3 Tomaten
½ Zwiebel
100 g eingelegte Artischockenherzen aus dem Glas
4 verzehrfertige Spargelstangen aus dem Glas
100 g *Bonito del Norte* (weißer Thunfisch) in Öl oder im eigenen Saft

AUSSERDEM

Essig nach Geschmack
Olivenöl
Salz
schwarzer Pfeffer aus der Mühle

ZUBEREITUNG

Die Kartoffel in leicht gesalzenem Wasser in etwa 35 Minuten bissfest garen. Anschließend abgießen und ausdampfen lassen. Gleichzeitig die Eier in etwa 10 Minuten hart kochen, danach kalt abschrecken.

Den Salat in einzelne Blätter teilen. Diese waschen, trockenschleudern und in mundgerechte Stücke zupfen. Die Tomaten waschen und den Blütenansatz herausschneiden. Die Zwiebel abziehen. Die Tomaten und die Zwiebeln in Halbringe schneiden. Die Artischockenherzen, die Spargelstangen und den Thunfisch getrennt voneinander in ein feines Sieb geben und abtropfen lassen. Bei Bedarf die Einlegflüssigkeit mit kaltem Wasser vorsichtig abspülen. Die Spargelstangen halbieren.

Die lauwarm abgekühlte Kartoffel pellen, die Eier schälen. Die Kartoffeln in Scheiben und die Eier in Viertel schneiden.

ANRICHTEN

Den Romanasalat in die Mitte von vier Tellern geben. Seitlich die Tomatenscheiben, die Eier, die Kartoffel und die Artischocken anrichten. Auf den Salat den Thunfisch, den Spargel und die Zwiebel drapieren. Essig, Öl, Salz und Pfeffer zum individuellen Würzen dazureichen.

ESPÁRRAGOS DE NAVARRA – NAVARRA-SPARGEL
NAFARROAKO ZAINZURIAK

Die Zutatenliste ist kurz, trotzdem bietet sich Ihnen ein Hochgenuss, wenn Sie sich für beste Qualität entscheiden. Idealerweise bereiten Sie das Rezept mit Navarra-Spargel zu, dessen ausgewogener Geschmack jedes Gourmetherz höherschlagen lässt. Navarra-Spargel ist eine alte weiße Spargelsorte, die in den Regionen Navarra, La Rioja und Aragon angebaut wird. »Espárrago de Navarra« ist jedoch nicht nur die Herkunftsbezeichnung, es ist gleichzeitig ein geschütztes Qualitätsmerkmal.

Für 4 Personen als Vorspeise | Zubereitungszeit: 10 Minuten plus Garzeit 15 Minuten

ZUTATEN

12 Stangen frischer Navarra-Spargel (weißer Spargel)
Salz
¼ TL Zucker
Sonnenblumenöl zum Braten
1 EL fein gehackte frische glatte Petersilie
100 g Mayonnaise (siehe Seite 210)

ZUBEREITUNG

In einem breiten, großen Topf reichlich Wasser aufkochen. Inzwischen die Spargelstangen gründlich schälen und holzige Enden abschneiden. Die Spargelstangen mit Küchengarn zusammenbinden.

Das kochende Wasser gut salzen und den Zucker zufügen. Den Spargel dann im nur leicht kochenden Wasser bei niedriger bis mittlerer Temperatur in 10–15 Minuten bissfest garen. Anschließend herausnehmen, abtropfen lassen und das Küchengarn entfernen. Die Spargelstangen trockentupfen und in einer Pfanne in etwas Olivenöl anrösten.

ANRICHTEN

Den Spargel lauwarm auf vier Teller verteilen und mit etwas gehackter Petersilie bestreuen. Die Mayonnaise daneben anrichten und sofort servieren.

PIPERRADA – PAPRIKA-TOMATEN-PFANNE
PIPERRADA

Piperrada ist eine traditionelle baskische Beilage zu Fleisch und Fisch. Sie schmeckt aber ebenso pur zusammen mit frischem Baguette. Die Gemüsemischung wird häufig außerdem zu einem Omelett abgewandelt (siehe Variante).

Für 4 Personen als Beilage | Zubereitungszeit: 15 Minuten plus Back-/Garzeit 50 Minuten

ZUTATEN

4 rote Paprikaschoten
3 grüne Paprikaschoten
neutrales Pflanzenöl für das Blech
6 Tomaten
1 große Zwiebel
2 Knoblauchzehen
Olivenöl zum Anschwitzen
½ EL gehackte frische glatte Petersilie plus etwas mehr zum Garnieren
Salz
1 Prise Zucker
frisch gemahlener schwarzer Pfeffer
Piment d'Espelette

ZUBEREITUNG

Den Backofen auf 250 °C Oberhitze oder Grillstufe vorheizen. Die Paprikaschoten waschen und vierteln. Die Stielansätze, die Kerne und die Trennhäute entfernen. Die Schoten mit der Hautseite nach oben auf einem einem eingeölten Backblech verteilen und im vorgeheizten Ofen auf einer oberen Schiene backen, bis die Haut der Schoten schwarz wird und Blasen wirft. Dann aus dem Ofen nehmen, mit einem feuchten Küchentuch bedecken und abkühlen lassen. Anschließend die Haut der Schoten abziehen und das Fruchtfleisch in dünne Streifen schneiden.

Inzwischen die Tomaten waschen und die Haut auf der Unterseite kreuzweise einschneiden. Die Tomaten in einer hitzebeständigen Schüssel mit frisch aufgekochtem Wasser überbrühen. Kurz darin ziehen lassen, dann mit einer Siebkelle in eine Schüssel mit eiskaltem Wasser geben. Die Tomaten nun häuten, entkernen und klein scheiden. Die Zwiebel und die Knoblauchzehen abziehen. Beides fein hacken.

In einem großen Topf reichlich Öl erhitzen. Die Zwiebel und den Knoblauch darin zusammen mit der Petersilie glasig anschwitzen. Dann die Paprikastreifen zufügen und etwa 10 Minuten mitgaren. Anschließend die Tomaten zufügen und den Topfinhalt mit Salz und 1 Prise Zucker würzen. Nun bei aufgesetztem Deckel und niedriger Temperatur unter gelegentlichem Rühren etwa 25 Minuten schmoren lassen, bis eine sämige Sauce entstanden ist. Mit Salz, Pfeffer und Piment d'Espelette abschmecken.

VARIANTE

Vielfach wird die *piperrada* zu einem Omelett abgewandelt. Schlagen Sie dafür 4 Eier (Größe M) in die fertige Paprika-Tomaten-Mischung und rühren Sie sie gleichmäßig unter. Lassen Sie das Ei stocken und servieren Sie das Gericht warm mit Petersilie bestreut.

ANRICHTEN

Die *piperrada* auf Teller verteilen, mit Petersilie bestreuen und zusammen mit frischem Brot als Beilage zu gegrilltem Fisch oder Fleisch servieren.

ALUBIAS DE TOLOSA – TOLOSA-BOHNEN
TOLOSAKO BABARRUNA

An diesem Gericht zeigt sich einmal mehr, dass für die Basken die Grundregel Nummer 1 lautet: Verwende frische (regionale) Produkte in bester Qualität und genieße sie unverfälscht. Mehr braucht es nicht, um hervorragend zu essen.

Für 4 Personen | Zubereitungszeit: 10 Minuten plus Garzeit 2 Stunden 30 Minuten

ZUTATEN

1 Zwiebel
2 Knoblauchzehen
600 g getrocknete Tolosa-Bohnen (schwarze Bohnen)
5 EL Olivenöl
1 ½ TL *carne de pimiento choricero* (rotes Paprikamark; alternativ: 1 TL geräuchertes Paprikapulver)
Salz
8 in Essig eingelegte grüne Chilischoten (am besten *guindillas de Ibarra*)
Baguette

ZUBEREITUNG

Die Zwiebel und die Knoblauchzehen abziehen. Die Zwiebel fein hacken. Die Bohnen in einem Topf mit 1,8 l kaltem Wasser bedecken. Die fein gehackte Zwiebel, die abgezogenen Knoblauchzehen, das Olivenöl und das Paprikamark (oder das Paprikapulver) zugeben. Das Wasser bei hoher Temperatur aufkochen. Die Temperatur dann reduzieren und die Bohnen im leicht köchelnden Wasser 2 ½ Stunden garen, den Topf dabei gelegentlich schütteln. Zwischendurch nach Bedarf kaltes Wasser zugeben.

Wenn die Bohnen weich sind und ein sämiger Sud entstanden ist, den Topf vom Herd nehmen und den Eintopf mit Salz abschmecken. Bis zum Servieren ruhen lassen.

ANRICHTEN

Den Eintopf vor dem Servieren etwa 20 Minuten bei niedriger Temperatur langsam erwärmen, den Topf dabei gelegentlich leicht schütteln. Die Bohnen auf Teller verteilen, jeweils 2 eingelegte Chilischoten darauflegen und zusammen mit Baguette servieren.

ALUBIAS DE TOLOSA CON SACRAMENTOS – TOLOSA-BOHNEN MIT »SAKRAMENTEN«

TOLOSAKO BABARRUNAK SAKRAMENTUEKIN

Tolosa-Bohnen werden traditionell »con sacramentos« gegessen. Bei den »Sakramenten« handelt es sich um Blutwurst, Schweinerippchen, Kohl und *guindillas de Ibarra*. Die einzelnen Komponenten werden jeweils getrennt von den Bohnen (siehe Seite 90) zubereitet und dazugereicht.

Für 4 Personen | Zubereitungszeit: 15 Minuten plus Garzeit 2 Stunden 15 Minuten

ZUTATEN

- 1 Morcilla (spanische Blutwurst; ca. 300 g)
- Salz
- 1 küchenfertiges Schweinerippchen (ca. 300 g)
- ½ Karotte
- ½ Zwiebel
- 2 EL Weißweinessig
- 1 Knoblauchzehe
- 2 TL Olivenöl
- ½ kleiner Kopf Wirsingkohl

ZUBEREITUNG

Die Blutwurst in einem Topf mit kaltem Wasser bedecken und etwas Salz zufügen. Die Wurst bei niedriger Temperatur und aufgesetztem Deckel etwa 1 ½–2 Stunden langsam gar ziehen lassen.

In der Zwischenzeit das Rippchen halbieren. Die ½ Karotte schälen und die ½ Zwiebel abziehen. Das Rippchen in einem Topf mit kaltem Wasser bedecken. Die Karotte, die Zwiebel, den Essig und etwas Salz zufügen. Das Wasser bei hoher Temperatur aufkochen. Die Temperatur dann reduzieren und das Fleisch bei aufgesetztem Deckel in etwa 1 Stunde sanft garen.

Die Knoblauchzehe abziehen und halbieren. Den Kohl putzen, klein schneiden, waschen und trockenschleudern. Das Olivenöl in einem Topf bei mittlerer Temperatur erhitzen und den Knoblauch darin 2 Minuten anschwitzen. Anschließend den Kohl zufügen und mit anschwitzen. Den Deckel aufsetzen und den Kohl bei niedrigerer bis mittlerer Temperatur bissfest garen. Zwischendurch gelegentlich umrühren.

ANRICHTEN

Die einzelnen Komponenten zusammen mit Tolosa-Bohnen (siehe Seite 90) servieren.

HOTEL

D'Piel
POLLITENA
Nuevas
Cazadoras

tripadvisor
POLLITENA
www.restaurantepollitena.com
MENÚ DEGUSTACIÓN
CARTA
POLLITENA

POLLITENA
PRIMER PISO
MENÚ DEGUSTACIÓN
MINIMO 2 PERSONAS
Jamón ibérico de bellota
Pimientos rellenos de txangurro
Degustación de tartas

RESTAURANT
POLLITENA

LA POLLITENA

Willkommen zu Hause

Das La Pollitena im Herzen der Parte Vieja bietet traditionelle Gerichte wie *txangurro a la donostiarra, revuelto de honogs, kokotxas de merluza* oder *arroz con leche*. Hier geht es familiär, herzlich und bodenständig zu. Der perfekte Ort, um sich zu Hause zu fühlen. Auf unnötiges Chichi verzichtet man bewusst und richtet den Blick auf das Wesentliche: gutes Essen wie früher. Da das Restaurant bereits seit 1895 besteht, ist man hier für traditionelles Essen in den besten Händen.

San Jerónimo 3
20003 Donostia-San Sebastián
+34 943 425 779
restaurantepollitena.com

PATATAS A LA RIOJANA – KARTOFFELN NACH RIOJA-ART
PATATA RIOJANAREN ESTILOA

Ein rustikales Gericht, das besonders an klammen Tagen schmeckt. Bekannt ist es auch als *patatas con chorizo* (Kartoffeln mit Chorizo).

Für 4 Personen | Zubereitungszeit: 45 Minuten

ZUTATEN

2 getrocknete *pimiento choricero* (Paprikaschote; alternativ: ½ TL geräuchertes Paprikapulver)
1 Zwiebel
2 Knoblauchzehen
2 grüne oder gelbe Paprikaschoten
1 kleine sehr reife Tomate
500 g Chorizo
1,2 kg mehligkochende Kartoffeln
3 EL Olivenöl
2 EL trockener Weißwein
500 ml Fleischbrühe
Salz
frisch gemahlener schwarzer Pfeffer

ZUBEREITUNG

Die *pimientos choriceros* in warmem Wasser einweichen (wenn verwendet). Die Zwiebel und die Knoblauchzehen abziehen. Beides fein hacken. Die grünen Paprikaschoten und die Tomate waschen. Die Stielansätze, die Kerne und die Trennhäute der Paprika entfernen. Den Blütenansatz der Tomate herausschneiden. Die Tomate und die Paprikaschoten klein würfeln. Die Chorizo in Scheiben schneiden. Die Kartoffeln schälen, waschen und in mundgerechte Stücke schneiden. Diese in einer Schüssel mit kaltem Wasser bedecken und beiseitestellen.

Das Olivenöl in einem großen Topf bei mittlerer Temperatur erhitzen. Die eingeweichten *pimientos choriceros* zum Aromatisieren darin schwenken, anschließend herausnehmen. Den Knoblauch im aromatisierten Olivenöl bei niedriger Temperatur leicht glasig anschwitzen. Anschließend die Chorizo zufügen und anbraten. Danach die Zwiebel zugeben und unter gelegentlichem Rühren glasig anschwitzen. Nun die Paprika und die Tomate zufügen. Das Gemüse weich garen, bis die Tomate zerfällt. Dann den Wein eingießen und kurz reduzieren. Anschließend mit der Fleischbrühe und 700 ml Wasser auffüllen.

Die Kartoffeln in ein Sieb abgießen und zu den übrigen Zutaten in den Topf geben. Den Topfinhalt bei mittlerer bis hoher Temperatur aufkochen.

Inzwischen die Haut von den eingeweichten *pimientos* abziehen und das Fruchtfleisch (oder das geräucherte Paprikapulver) in den Kartoffeleintopf geben. Diesen bei milder Temperatur köcheln lassen, bis die Kartoffeln gar sind und ein sämiger Eintopf entstanden ist. Dann mit Salz und Pfeffer abschmecken.

ANRICHTEN

Den Eintopf auf Teller verteilen und sofort servieren.

SOPA DE PESCADO A LA DONOSTIARRA – FISCHSUPPE NACH DONOSTIA-ART

ARRAIN ETA ITSASKI SOPA DONOSTIAKO ERAN

Diese Suppe ist San Sebastián pur. Zum einen, weil sie die Stadt schon im Namen trägt, zum anderen, weil sie fast auf jeder Speisekarte steht. Idealerweise bereitet man das Gericht mit dem speziellen baskischen Suppenbrot *sopako* zu. Es ist perfekt, um Suppen zu binden. Sie können aber auch Toastbrot verwenden.

Für 4 Personen | Zubereitungszeit: 35 Minuten

ZUTATEN

250 g küchenfertige kleine Venusmuscheln
1 kg küchenfertige Miesmuscheln
1,5 l Fischfond
200 g Toastbrot in Scheiben
Olivenöl zum Rösten
200 g küchenfertiges Seeteufelfilet ohne Haut
250 g küchenfertige Garnelen ohne Schale und entdarmt
200 ml trockener Weißwein
200 g *sofrito de tomate* (Tomatensugo; alternativ: passierte Tomaten)
Salz
frisch gemahlener schwarzer Pfeffer
Zucker
1 ½ EL gehackte frische glatte Petersilie

TIPP

Gegarte Muscheln nur im warmen Sud ziehen lassen, nicht nochmals erwärmen, da sie sonst zäh werden.

ZUBEREITUNG

Die Venusmuscheln und Miesmuscheln waschen, geöffnete Exemplare aussortieren. Dann mit etwas Wasser in einen großen Topf geben. Bei aufgesetztem Deckel und hoher Temperatur erhitzen. Die Muscheln unter gelegentlichem Schütteln des Topfes etwa 5 Minuten garen, bis sich die Schalen geöffnet haben. Den Topf dann vom Herd nehmen und geschlossene Muscheln aussortieren, sie sind nicht genießbar. Aus den übrigen Muscheln das Fleisch auslösen.

Inzwischen den Fischfond erhitzen. Währenddessen die Rinde der Toastbrotscheiben abtrennen und die Scheiben halbieren. Diese in einer Pfanne in etwas Olivenöl von beiden Seiten kross anrösten. Das Seeteufelfilet in Stücke schneiden und zusammen mit den Garnelen in die Pfanne geben. Bei niedriger Temperatur kurz mitbraten.

Den Weißwein angießen und fast vollständig reduzieren. Dann den Tomatensugo einrühren und mit dem erwärmten Fischfond aufgießen. Etwa 5 Minuten bei niedriger bis mittlerer Temperatur erhitzen, bis das Brot aufgelöst ist.

Die Fischsuppe mit Salz, Pfeffer und etwas Zucker abschmecken. Kurz vor dem Servieren das ausgelöste Muschelfleisch in die Suppe geben.

ANRICHTEN

Die Suppe sofort auf Teller verteilen und mit Petersilie bestreut servieren.

CHANGURRO A LA DONOSTIARRA – KRABBE NACH ART VON DONOSTIA

TXANGURRO A LA DONOSTIARRA

Dieses Gericht wurde Anfang des 19. Jahrhunderts von Kochprofi Félix Ibarguren »Shishito« kreiert. Angelehnt ist es an den »Hummer nach amerikanischer Art«, der damals en vogue war. Anders als viele baskische Küchenklassiker hat dieses Rezept damit keinen ruralen Ursprung. Ob *txangurro* nun mit *centollo* (Meer- oder Seespinne) oder mit dem *buey de mar* (Taschenkrebs) gleichzusetzen ist, darüber ist man sich nicht einig. Es spricht allerdings mehr für den Taschenkrebs. Zubereiten können Sie das Rezept mit beiden Krabben.

Für 4 Personen als Vorspeise | Zubereitungszeit: 25 Minuten plus Garzeit 20 Minuten

ZUTATEN

1 Zwiebel
1 Stange Lauch
2 EL Olivenöl
6 EL passierte Tomaten
2 küchenfertige möglichst weibliche *txangurros* à ca. 1 kg (siehe oben)
560 g–700 g Meersalz
50 ml Brandy
Salz
Semmelbrösel
Butter
1 EL gehackte frische glatte Petersilie
Baguette als Beilage

TIPP

Carne de Centollo, das ausgelöste Krabbenfleisch, kann bereits fertig ausgelöst gekauft werden.

ZUBEREITUNG

Die Zwiebel abziehen, den Lauch putzen und waschen. Beides klein hacken. Das Olivenöl in einem Topf bei niedriger Temperatur erhitzen. Die Zwiebel und den Lauch darin glasig anschwitzen, aber keine Farbe annehmen lassen. Dann die passierten Tomaten zufügen und die Mischung etwa 15 Minuten leicht köcheln lassen.

Inzwischen die *txangurros* garen. Dafür in zwei großen Töpfen jeweils 4–5 l Wasser einfüllen und pro 100 ml Wasser etwa 70 g Meersalz zufügen. Das Wasser aufkochen und die *txangurros* im kochenden Wasser 17–20 Minuten garen. Anschließend abgießen und kurz abkühlen lassen.

Den Backofen auf Grillstufe vorheizen. Die Panzer der *txangurros* noch warm öffnen, das Krabbenfleisch auflockern und mitsamt der Flüssigkeit im Panzer zur Tomaten-Zwiebel-Lauch-Sauce in den Topf geben. Den Brandy zufügen und flambieren. Die lauwarmen Krabbenbeine öffnen und das Krabbenfleisch auslösen, dabei darauf achten, dass alle Schalenteile entfernt werden. Das Fleisch in kleinen Stücken zur Sauce geben und den Topfinhalt aufkochen. Währenddessen die Krabbenpanzer reinigen.

Die Krabbenfleisch-Tomaten-Sauce mit Salz abschmecken und in die gereinigten Krabbenpanzer füllen. Mit Semmelbröseln und Butterstückchen bestreuen und im vorgeheizten Ofen 3–4 Minuten gratinieren.

ANRICHTEN

Mit etwas Petersilie bestreut anrichten und aus den Panzern heraus auf Teller geben. Frisches Baguette dazuservieren.

CAZUELA DE BONITO – THUNFISCHEINTOPF

MARMITAKO DE BONITO

Marmitako ist ein traditionelle Fischergericht und bedeutet so viel wie »das, was im Topf ist«. Das soll heißen, es gibt das, was eben da ist, denn das kam in den Topf, wenn die Fischer auf See fuhren. Zumeist waren dies Kartoffeln, Zwiebeln, Paprika, Tomaten und der frisch gefangene weiße Thunfisch. Anders als man es für einen Eintopf erwarten könnte, wurde er vor allem im Sommer gekocht. Das ist die Zeit, in der der weiße Thunfisch vorwiegend gefangen wird.

Für 4 Personen | Zubereitungszeit: 25 Minuten plus Garzeit 25 Minuten

ZUTATEN

2 Zwiebeln
2 Knoblauchzehen
2 grüne Paprikaschoten
6 große vorwiegend festkochende Kartoffeln
2–3 getrocknete *pimientos choriceros* (Paprikaschoten; alternativ: 1 TL geräuchertes Paprikapulver)
5 EL Olivenöl
200 ml *txakoli* (baskischer Wein; alternativ: trockener Weißwein)
3 Tomaten
Salz
600 g küchenfertiges Filet vom *Bonito del Norte* (weißer Thunfisch; alternativ: Thunfischfilet)
1 ½ EL gehackte frische glatte Petersilie

ZUBEREITUNG

Die Zwiebeln und die Knoblauchzehen abziehen. Die Paprikaschoten waschen. Die Stielansätze, die Kerne und die Trennhäute entfernen. Die Zwiebeln und die Paprikaschoten klein schneiden, den Knoblauch fein hacken. Die Kartoffeln schälen und in etwa 3 cm große Würfel schneiden. Die *pimientos choriceros* in warmem Wasser einweichen (wenn verwendet).

Das Öl in einem (Schmor-)Topf bei mittlerer Temperatur erhitzen und die Zwiebeln darin goldgelb anschwitzen. Die Paprika zufügen und einige Minuten mitgaren. Anschließend den Knoblauch sowie die Kartoffeln zugeben und einige Minuten mit anschwitzen. Inzwischen die Haut von den eingeweichten *pimientos choriceros* abziehen.

Den Wein in den Topf gießen. Die gehäuteten *pimientos choricheros* (oder das Paprikapulver) zugeben und die Zutaten im Topf mit Wasser bedecken. Den Eintopf dann bei niedriger Temperatur und geschlossenem Deckel köcheln lassen, bis die Kartoffeln weich sind. Gelegentlich umrühren und bei Bedarf etwas mehr Wasser zufügen.

In der Zwischenzeit die Tomaten waschen und und wie auf Seite 88 beschrieben vorgehen, um sie zu häuten. Dann den Blütenansatz herausschneiden, das Fruchtfleisch entkernen und klein schneiden. Die zerkleinerten Tomatenstücke in den Eintopf geben und diesen mit Salz abschmecken. Das Fischfilet in mundgerechte Stücke teilen, zufügen und im Eintopf etwa 3 Minuten garziehen lassen.

ANRICHTEN

Den Eintopf auf Teller verteilen und mit der Petersilie bestreut servieren.

CALDO DE PUERRO – LAUCHSUPPE
PORRUSALDA

Porrusalda ist der Inbegriff ursprünglicher Bauernküche und ursprünglich eine Fastenspeise. Sie können sich die Suppe aber das ganze Jahr über schmecken lassen. Gerade an kalten Tagen (die auch in Nordspanien nicht selten sind) ein herrlich einfacher Genuss.

Für 3–4 Personen | Zubereitungszeit: 20 Minuten plus Garzeit 30 Minuten

ZUTATEN

3 Bio-Karotten
6 Stangen Lauch
1 ½ Zwiebeln
750 g mehligkochende Kartoffeln
4 EL Olivenöl
1,5 l Gemüsebrühe
Salz
2 Stängel frische glatte Petersilie

ZUBEREITUNG

Die Karotten und den Lauch waschen, putzen und in Ringe schneiden. Die Zwiebeln abziehen und klein hacken. Die Kartoffeln schälen, waschen, in mundgerechte Stücke schneiden und mit Wasser bedeckt beiseitestellen.

Das Olivenöl in einem Topf bei mittlerer Temperatur erhitzen. Die Zwiebeln darin glasig anschwitzen. Dann die Karotten sowie den Lauch zugeben und mit anschwitzen. Die Kartoffeln in ein Sieb abgießen und zum Gemüse geben. Die Gemüsebrühe angießen und etwas Salz zufügen. Die Suppe nun unter gelegentlichem Rühren 30 Minuten köcheln lassen.

ANRICHTEN

Die Petersilie waschen, trockentupfen und die Blätter abzupfen. Die Suppe auf Teller verteilen und mit den Petersilienblättern garniert servieren.

REVUELTO DE HONGOS – RÜHREI MIT PILZEN
ONDDO NAHASKIA

Revuelto de hongos werden Sie auf so manch einer Speisekarte in San Sebastián entdecken. Wenn gerade Saison ist, wird das Rührei mit dem Mairitterling zubereitet, der hauptsächlich im April und Mai zu bekommen ist. Eine echte Delikatesse, denn das Kilo kostet schon mal 40 Euro oder mehr. Der Mairitterling wird unterschiedlich genannt, etwa *seta de primavera* (Frühlingspilz) oder *perretxiko*. Letzteres kann irritieren, denn »perretxiko« bedeutet ebenfalls ganz allgemein Pilz.

Für 4 Personen | Zubereitungszeit: 30 Minuten

ZUTATEN

3 Knoblauchzehen
500 g Pilze (z.B. Mairitterlinge, Steinpilze)
Sonnenblumenöl zum Anbraten und Rösten
8 Eier (Größe M)
8 Eigelb
Salz
frisch gemahlener schwarzer Pfeffer
1 EL gehackte frische glatte Petersilie
8 Scheiben Baguette

ZUBEREITUNG

Die Knoblauchzehen abziehen und fein hacken. Die Pilze putzen und klein schneiden. Etwas Sonnenblumenöl in einer Pfanne bei mittlerer Temperatur erhitzen und den Knoblauch darin goldgelb anschwitzen. Dann die Pilze zugeben und 2 Minuten im Öl schwenken.

Die Eier und die Eigelbe miteinander verquirlen. Die Ei-Masse mit Salz und Pfeffer würzen. Die Mischung über die Pilze in der Pfanne geben und unter gelegentlichem Rühren stocken lassen.

ANRICHTEN

Das Rührei auf Teller verteilen, mit der Petersilie bestreuen und zusammen mit den nach Belieben gerösteten Baguettescheiben servieren.

RISOTTO DE IDIAZÁBAL CON HONGOS – RISOTTO MIT IDIAZÁBAL-KÄSE UND PILZEN
IDIAZABALGO RISOTTO PERRETXIKOEKIN

Risotto hat zugegebenermaßen den Kultstatus für San Sebastián nicht verdient, der darin verwendete Idiazábal-Käse jedoch schon. Idiazábal-Käse ist ein mild-pikanter Hartkäse aus Schafsmilch, der im Baskenland und in Navarra hergestellt wird. Ich kann nur raten: »Unbedingt probieren!«

Für 4 Personen | Zubereitungszeit: 45 Minuten

ZUTATEN

3 Zwiebeln
75 ml Olivenöl
400 g Risotto- oder Bombareis (spanischer Rundkornreis)
240 ml trockener Weißwein
1,2 l Gemüsebrühe
250 g Steinpilze
150 g Idiazábal-Käse am Stück (Hartkäse aus Schafsmilch), plus einige feine Späne zum Garnieren
75 g Butter
Salz
frisch gemahlener schwarzer Pfeffer
1 ½ EL gehackte frische glatte Petersilie

ZUBEREITUNG

Die Zwiebeln abziehen und sehr fein hacken. Das Olivenöl in einem Topf erhitzen und die Zwiebeln darin bei niedriger Temperatur etwa 10 Minuten anschwitzen, ohne sie Farbe annehmen zu lassen. Dann den Reis zugeben und bei mittlerer Temperatur mit anschwitzen. Danach den Weißwein und 240 ml Wasser zugießen. Den Topfinhalt bei hoher Temperatur aufkochen und die Flüssigkeit etwas reduzieren.

Inzwischen die Gemüsebrühe zum Kochen bringen. Außerdem die Pilze putzen und in mundgerechte Stücke schneiden. Die Pilze und ein Drittel der heißen Gemüsebrühe zum Risotto in den Topf geben. Die Flüssigkeit unter Rühren bei niedriger Temperatur vom Reis aufnehmen lassen. Dann wieder etwas Gemüsebrühe zugeben und erneut beständig rühren, bis nur noch wenig Flüssigkeit übrig ist. Den Vorgang wiederholen, bis die gesamte Brühe aufgebraucht ist. Sollte das Risotto noch nicht cremig sein, etwas Wasser zugeben. In der Zwischenzeit den Käse reiben.

Wenn das Risotto cremig und weich ist, den Herd ausschalten. Den geriebenen Käse und die Butter unterrühren. Das Risotto etwa 2 Minuten ruhen lassen. Danach mit Salz und Pfeffer abschmecken.

ANRICHTEN

Das Risotto sofort auf Teller verteilen, mit Käsespänen dekorieren und mit der Petersilie bestreut servieren.

TORTILLA DE BACALAO – BACALAO-OMELETT
BAKAILAO TORTILLA

Die *bakailao tortilla* gehört zum klassischen Menü der baskischen *sidrerías*. Die Tortilla kommt auf einer großen Platte auf den Tisch und man bedient sich gemeinsam mit seinen Tischgenossen. Getrunken wird dazu natürlich *sidra*. Auch wenn man bei uns bei Tortilla zunächst an die Variante mit Kartoffeln denkt, benötigt man für die *tortilla de bacalao* keine.

Für 4 Personen als Vorspeise | Zubereitungszeit: 25 Minuten plus 48 Stunden für das Entsalzen des Bacalao

ZUTATEN

400 g Bacalao (getrockneter, gesalzener Kabeljau) vom Mittelstück, ohne Gräten (siehe Seite 208; alternativ: 500 g frisches Kabeljaufilet ohne Haut)
1 Stange Lauch
1 große Zwiebel
Olivenöl zum Anschwitzen
2 Knoblauchzehen
½ rote Chilischote (optional)
1 EL gehackte frische glatte Petersilie
6 sehr frische Bio-Eier (Größe M)
Salz

ZUBEREITUNG

Den Bacalao etwa 48 Stunden vor der Zubereitung entsalzen (siehe Seite 208).

Am Tag der Zubereitung den Lauch putzen, waschen und in Julienne schneiden. Die Zwiebel abziehen und in sehr feine Halbringe schneiden. Reichlich Olivenöl in einer Pfanne erhitzen. Den Lauch und die Zwiebelhalbringe darin bei mittlerer Temperatur glasig anschwitzen. Anschließend in ein feines Sieb geben, das Fett abtropfen lassen und das Gemüse zum weiteren Abtropfen auf einen Teller mit Küchenpapier legen.

Die Knoblauchzehen abziehen und in feine Scheiben schneiden. Nach Belieben die ½ Chilischote waschen, entkernen und fein hacken. Den entsalzten Fisch von der Haut befreien und trockentupfen. Den Knoblauch mit der Chilischote in einer Pfanne in Olivenöl goldgelb anschwitzen. Dann den Fisch zufügen, leicht anbraten und mit einem Pfannenwender in kleine Stücke zerpflücken. Anschließend die Petersilie darüberstreuen und kurz mit anschwitzen.

Inzwischen die Eier in einer großen hitzebeständigen Schüssel verquirlen. Die Lauch-Zwiebel-Mischung und den Pfanneninhalt mit dem Fisch zufügen. Die Mischung leicht salzen und gut vermengen.

Reichlich Öl in einer großen Pfanne bei mittlerer bis hoher Temperatur erhitzen. Die vorbereitete Tortillamasse einfüllen und zunächst auf einer Seite goldbraun anbraten. Anschließend zwei gegenüberliegende Seiten nach innen zur Mitte klappen und die Tortilla mithilfe eines Tellers wenden. Auf der anderen Seite ebenfalls goldbraun anbraten.

ANRICHTEN

Die Tortilla auf eine Servierplatte geben und sofort servieren.

BACALAO FRITO CON PIMIENTOS VERDES – GEBRATENER BACALAO MIT GRÜNER PAPRIKA

BAKAILAO FRIJITUA PIPER BERDEEKIN

Dieses Gericht wird im klassischen Menü der Siderstuben oftmals nach der *bakailao tortilla* (siehe Seite 108) serviert. Wie bei der Tortilla wird hier *bacalao desalado* verwendet, entsalzener getrockneter Kabeljau. Bacalao taucht in vielen Rezepten der Region auf, was erstaunt, denn eigentlich erwartet man mit dem Meer vor der Haustüre fangfrischen Fisch. Doch der Bacalao hat historisch begründet eine lange Tradition in der baskischen Küche.

Für 4 Personen als Zwischengang | Zubereitungszeit: 25 Minuten plus 48 Stunden für das Entsalzen des Bacalao

ZUTATEN

500 g Bacalao (getrockneter, gesalzener Kabeljau) vom Mittelstück, ohne Gräten (siehe Seite 208; alternativ: 750 g frisches Kabeljaufilet ohne Haut)
1 große Zwiebel
3 grüne Paprikaschoten
Olivenöl zum Anschwitzen und Braten
Salz
frisch gemahlener schwarzer Pfeffer
etwas Mehl zum Mehlieren
Olivenöl zum Braten

ZUBEREITUNG

Den Bacalao etwa 48 Stunden vor der Zubereitung entsalzen (siehe Seite 208).

Am Tag der Zubereitung für die Paprikabeilage die Zwiebel abziehen. Die Paprikaschoten waschen. Die Stielansätze, die Kerne und die Trennhäute entfernen. Die Zwiebel und die Paprikaschoten in sehr feine Streifen schneiden. Etwas Öl in einer Pfanne erhitzen und das Gemüse darin leicht anschwitzen. Dann bei niedriger Temperatur etwa 10 Minuten weich garen. Anschließend dezent mit Salz und Pfeffer würzen.

Inzwischen den entsalzten Fisch von der Haut befreien, vorsichtig abtupfen und in Mehl wenden. Öl in einer Pfanne erhitzen und den mehlierten Fisch darin bei mittlerer Temperatur von beiden Seiten anbraten, bis er gar ist.

ANRICHTEN

Den Fisch auf Teller verteilen und die Paprika-Zwiebel-Mischung darauf anrichten.

MENÚ DE SIDERÍA

Tortilla de bacalao
Bacalao frito con pimientos verdes (siehe Seite 109)
Chuleta a a la parilla (siehe Seite 126)
Queso, mebrillo y nueces (siehe Seite 178)

BACALAO AL PIL PIL – KABELJAU IN KNOBLAUCHSAUCE
BAKAILAOA PIL PIL

Wenn Sie nach traditionellem baskischem Essen suchen, werden Sie schnell auf den *bacalao al pil pil* stoßen. Ein sehr einfaches, aber überaus leckeres Gericht. Die zum Fisch servierte Sauce *pil pil* besteht im Grunde nur aus Olivenöl und Knoblauch. Sie dickt durch das in der Fischhaut enthaltene Kollagen ein. *Pil pil* hat übrigens keine Bedeutung, es soll an das Geräusch erinnern, das beim Garen zu hören ist.

Für 4 Personen | Zubereitungszeit: 20 Minuten plus 48 Stunden für das Entsalzen des Bacalao

ZUTATEN

800 g Bacalao (getrockneter, gesalzener Kabeljau) vom Mittelstück, mit Haut und ohne Gräten (siehe Seite 208; alternativ: 1 kg frisches Kabeljaufilet mit Haut)
4 Knoblauchzehen
2 rote Chilischoten
400 ml mildes Olivenöl
1 EL gehackte frische glatte Petersilie

TIPP

Ersetzen Sie den Bacalao durch 1 kg Kiemenbacken vom Seehecht oder Kabeljau (siehe Seite 114). Eine echte Delikatesse der baskischen Küche. Diese Variante nennt sich *kokotxas al pil-pil*.

ZUBEREITUNG

Den Bacalao etwa 48 Stunden vor der Zubereitung entsalzen (siehe Seite 208).

Am Tag der Zubereitung die Knoblauchzehen abziehen und in feine Scheiben schneiden. Die Chilischoten waschen. Das Öl in einem breiten Topf (am besten einem Schmortopf) bei niedriger Temperatur erhitzen. Die Knoblauchzehen darin zusammen mit den Chilischoten goldgelb anschwitzen. Den Topf vom Herd nehmen, den Knoblauch und die Chilischoten vorsichtig herausnehmen und beiseitestellen.

Den entsalzten Bacalao in 8 gleich große Stücke teilen. Die Stücke mit der Haut nach unten in das noch warme Öl legen und mit aufgesetztem Deckel 10 Minuten ziehen lassen. Anschließend herausnehmen und mit der Hautseite nach oben auf einem Teller abtropfen lassen.

Die Hälfte des Öls im Topf in ein anderes Gefäß umfüllen. Die vom Fisch abgetropfte Flüssigkeit zum übrigen Öl in den Topf geben und unter leichtem Schütteln des Topfes langsam erhitzen. Dann das umgefüllte Öl nach und nach einfließen lassen, dabei Rühren, bis eine cremige Konsistenz entstanden ist.

Den Fisch mit der Hautseite nach oben in die Öl-Sauce legen. Erneut bei niedriger Temperatur erhitzen und zum Emulgieren den Topf dabei mit Schüttelbewegungen hin und her bewegen. Zum Schluss den Knoblauch wieder zufügen. Nach Belieben außerdem die Chilischoten in Ringe schneiden und zugeben.

ANRICHTEN

Den Fisch auf Teller verteilen, mit Sauce bedecken und mit Petersilie bestreut servieren. Hierzu schmecken Salzkartoffeln.

MERLUZA A LA DONOSTIARRA – SEEHECHT NACH ART VON DONOSTIA
LEGATZA DONOSTIARRA

Im kantabrischen Meer ist der Seehecht der verbreitetste Fangfisch. Dementsprechend beliebt ist er bei den *donostiarras*. Das vielleicht bekannteste Seehechtgericht ist die *merluza a la donostiarra* (auch: a *la kokstera*), das man in zahlreichen Varianten antrifft. Hier finden Sie ein einfaches Grundrezept.

Für 4 Personen | Zubereitungszeit: 40 Minuten

ZUTATEN

3 Knoblauchzehen
Olivenöl zum Anschwitzen
2 EL helles Weizenmehl
50 ml trockener Weißwein
Fischfond zum Ablöschen (optional)
Salz
½ Bund frische glatte Petersilie
4 Seehechtfilets (à ca. 200 g) mit Haut
400 g küchenfertige Venusmuscheln

ZUBEREITUNG

Die Knoblauchzehen abziehen und fein hacken. Olivenöl in einer Pfanne erhitzen und den Knoblauch darin leicht anschwitzen. Dann das Mehl darüberstreuen und goldgelb anschwitzen. Die Mehlschwitze mit dem Wein ablöschen und die Mischung glatt rühren. Etwas Fischfond oder Wasser angießen, unter Rühren aufkochen und eindicken lassen. Dies so lange wiederholen, bis eine cremige, nicht zu dicke Sauce entstanden ist. Diese mit Salz abschmecken.

Die Petersilie waschen, trockenschütteln und fein hacken. Anschließend unter die Sauce rühren. Die Fischfilets mit der Hautseite nach oben in die Sauce legen und einige Minuten darin sanft garen, bis das Fischfleisch eine weiße Farbe angenommen hat. Den Fisch dann mit der Hautseite nach unten in die Sauce legen und die Muscheln zufügen. Die Pfanne abdecken. Die Muscheln und den Fisch bei niedriger bis mittlerer Temperatur in der Sauce garen, bis sich die Muscheln öffnen. Nicht geöffnete Muscheln aussortieren, sie sind nicht genießbar. Nach Bedarf noch etwas Fischfond oder Wasser angießen und die Sauce mit Salz abschmecken.

TIPP

Das Gericht kann um 100 g Erbsen, 8 weiße Spargelspitzen und 2 hart gekochte Eier erweitert werden. Dafür die Erbsen und Spargelspitzen in der Sauce mit erwärmen. Die Eier schälen, in Spalten schneiden und dazureichen.

ANRICHTEN

Die Fischfilets mittig auf Teller setzen. Die Muscheln daneben anrichten. Alles mit etwas Sauce begießen, aber nicht zu viel. Dazu schmecken Salzkartoffeln.

COCOCHAS DE MERLUZA EN SALSA VERDE – KIEMENBÄCKCHEN VOM SEEHECHT IN GRÜNER SAUCE
LEGATZEN KOKOTXAK SALTSA BERDEAN

Ursprünglich ein »Abfallprodukt« gelten Kiemenbäckchen mittlerweile als Delikatessen, sind bei uns aber eher unbekannt. Es handelt sich dabei um ein fleischiges Stück am Kopf des Fisches, das sich zwischen den Kieferknochen befindet. Am häufigsten servieren die Basken sie *al pil pil* (siehe Seite 110). Eine ebenfalls klassische Variante ist diese mit grüner Sauce, die sich von der Sauce Pil-Pil durch die Zugabe von Petersilie unterscheidet..

Für 4 Personen | Zubereitungszeit: 20 Minuten

ZUTATEN

1 Knoblauchzehe
250 ml Olivenöl
1 kg küchenfertige, mittelgroße Kiemenbäckchen vom Seehecht (beim Fischhändler anfragen)
Salz
2 EL gehackte frische glatte Petersilie

TIPP

Dieses Gericht wird häufig mit Bacalao zubereitet: Bacalao en salsa verde.

ZUBEREITUNG

Die Knoblauchzehe abziehen und fein hacken. Das Olivenöl in einem Topf bei mittlerer Temperatur erhitzen und den Knoblauch darin goldgelb anschwitzen.

Inzwischen die Kiemenbäckchen leicht salzen und zum goldgelb angeschwitzten Knoblauch in den Topf geben. 1 EL Petersilie einstreuen. Den Topf vom Herd nehmen und den Fisch mit aufgesetztem Deckel 10 Minuten ziehen lassen. Anschließend herausnehmen und auf einem Teller abtropfen lassen.

Die Hälfte des Öls im Topf in ein anderes Gefäß umfüllen. Die von den Kiemenbäckchen abgetropfte Flüssigkeit zum übrigen Öl in den Topf geben. Den Inhalt unter leichtem Schütteln des Topfes langsam erhitzen. Dann das umgefüllte Öl nach und nach einfließen lassen, dabei Rühren, bis eine cremige Konsistenz entstanden ist.

ANRICHTEN

Die *kokotxak* auf Teller verteilen und mit der Sauce begießen. Mit der übrigen Petersilie bestreut mit einer Beilage nach Wahl sofort servieren.

BESUGO ASADO – BRASSE AUS DEM OFEN
BISIGU ERREA

Dieses Gericht soll man nirgends so gut essen können wie in San Sebastián.

Für 4 Personen | Zubereitungszeit: 15 Minuten plus Backzeit 35 Minuten

ZUTATEN

1 küchenfertige Brasse (ca. 1 kg)
3 mittelgroße vorwiegend festkochende Kartoffeln
Olivenöl
Salz
4 Knoblauchzehen
½ rote Chilischote
Saft von 1 Zitrone
1 EL frisch gehackte glatte Petersilie

ZUBEREITUNG

Den Ofen auf 180 °C Ober-/Unterhitze vorheizen.

Den Fisch innen und außen mit klarem Wasser waschen und trockentupfen. Die Kartoffeln waschen, schälen und in dünne Scheiben schneiden. Diese auf einem mit Backpapier belegten Backblech gleichmäßig verteilen und mit reichlich Olivenöl beträufeln. Die Kartoffeln im vorgeheizten Backofen auf der mittleren Schiene 10–15 Minuten backen. Anschließend herausnehmen und den Fisch auf die Kartoffeln setzen. Alles mit etwas Salz würzen und für weitere 20 Minuten in den Ofen geben.

Inzwischen die Knoblauchzehen abziehen und fein hacken. Die Chilischote waschen. Etwas Öl in einer Pfanne erhitzen und den Knoblauch darin zusammen mit der Chilischote bei mittlerer Temperatur goldgelb anschwitzen.

Den Fisch nach der Garzeit aus dem Ofen nehmen, mit Zitronensaft beträufeln und nach Bedarf noch einige weitere Minuten backen. Den Fisch vor dem Servieren mit dem Knoblauch-Chili-Öl beträufeln, dann filetieren.

ANRICHTEN

Das Fischfleisch und die Kartoffeln auf Teller verteilen. Mit Petersilie bestreuen und servieren.

CHIPIRONES EN SU TINTA – KLEINE TINTENFISCHE IN EIGENER TINTE
TXIPIROLAK BERE TINTAN

Txipirolak bere tintan gehört ganz sicherlich zu den Lieblingsgerichten der Basken. Nicht nur weil es ihnen unglaublich gut schmeckt, sondern weil es mit der schwarzen Farbe nicht unbedingt nach einem Gaumenschmaus ausschaut. Es macht den Basken eine echte Freude zu sehen, wie Touristen den Teller mit der schwarzen Sauce erst kritisch beäugen und dann nicht genug davon bekommen können, wenn sie einmal davon probiert haben.

Für 4 Personen | Zubereitungszeit: 15 Minuten plus Garzeit 45 Minuten

ZUTATEN

FÜR DIE SAUCE

2 Scheiben Baguette vom Vortag
100 ml *txakoli* (baskischer Weißwein), trockener Weißwein oder weißer Wermut
3 Zwiebeln
2 Knoblauchzehen
4 EL Olivenöl
150 g *sofrito de tomate* (Tomatensugo; alternativ: passierte Tomaten)
1–2 EL Sepia-Lebensmittel-Tinte *(tinta de calamar* oder *nero di seppia*; online erhältlich)
Salz
frisch gemahlener schwarzer Pfeffer

AUSSERDEM

16 kleine küchenfertige Tintenfische mit Kopf (insgesamt ca. 800 g)
250 g Reis
4 Stängel frische glatte Petersilie

ZUBEREITUNG

Für die Sauce die Baguettescheiben im Wein oder im Wermut einweichen und beiseitestellen. Die Zwiebeln und die Knoblauchzehen abziehen. Die Zwiebeln grob hacken und die Knoblauchzehen in Scheiben schneiden. Das Olivenöl in einem Topf bei mittlerer Temperatur erhitzen. Die Zwiebeln und den Knoblauch darin langsam glasig anschwitzen.

Das eingeweichte Baguette zusammen mit dem Tomatensugo und der Sepiatinte zugeben. Etwas Wasser angießen, umrühren und die Sauce bei niedriger bis mittlerer Temperatur 15 Minuten köcheln lassen.

Inzwischen die Tintenfische innen und außen unter fließendem Wasser abspülen. Danach trockentupfen und leicht salzen. Die Köpfe der Tintenfische in die Tuben schieben.

Die Sauce nach der 15-minütigen-Kochzeit mit einem Stabmixer glatt pürieren. Anschließend mit Salz und etwas Pfeffer abschmecken. Die Tintenfischtuben in die Sauce legen. Den Deckel auflegen und die Tintenfische bei niedriger bis mittlerer Temperatur etwa 20 Minuten darin garen.

Inzwischen den Reis nach Packungsangabe in gesalzenem Wasser weich garen. Die Petersilie waschen und trockenschütteln.

ANRICHTEN

Den Reis auf Teller geben und pro Portion vier Tintenfischtuben mit Sauce daneben geben. Mit jeweils einem Stängel Petersilie garniert servieren.

HINWEIS

Die Tinte des Tintenfisches gilt ungekocht als giftig, wenn sie z.B. durch Hautverletzungen in den Körper gelangt. Über 90 °C erhitzt, verliert sie jedoch ihre giftige Wirkung.

CARRILLERAS DE TERNERA AL VINO TINTO – KALBSBÄCKCHEN IN ROTWEIN
TXAHAL-MASAILAK ARDO BALTZETAN

Dieses Gericht ist in Nordspanien weitverbreitet, auch wenn man es in Restaurants eher selten findet. In San Sebastián verwendet man teilweise auch Kuhbäckchen statt der Kalbsbäckchen. Der Rotwein sollte ein Rioja Alavesa sein. Dieser Wein ist im Baskenland besonders beliebt – zum Kochen und Genießen.

Für 4 Personen | Zubereitungszeit: 30 Minuten plus Garzeit 2 Stunden 30 Minuten

ZUTATEN

FÜR DIE KALBSBÄCKCHEN

4 küchenfertige, parierte Kalbsbäckchen (à ca. 300 g)
etwas helles Weizenmehl zum Wenden
2 EL Butterschmalz
2 Zwiebeln
2 Knoblauchzehen
2 Karotten
1 grüne Paprikaschote
1 rote Paprikaschote
3 EL Olivenöl
1 EL Tomatenmark
750 ml junger Rotwein Rioja Alavesa
5 getrocknete Gewürznelken
5 getrocknete schwarze Pfefferkörner
2 getrocknete Lorbeerblätter
1 EL Butter
Salz
frisch gemahlener schwarzer Pfeffer
Zucker

ZUBEREITUNG

Für die Kalbsbäckchen das Fleisch trockentupfen und in etwas Mehl wenden. Das Mehl leicht abklopfen und die Bäckchen in einer heißen Pfanne im Butterschmalz von beiden Seiten scharf anbraten. Anschließend herausnehmen und beiseitestellen.

Die Zwiebeln und die Knoblauchzehen abziehen. Die Zwiebeln fein hacken. Die Karotten schälen. Die Paprikaschoten waschen. Die Stielansätze, die Kerne und die Trennhäute entfernen. Die Karotten und die Paprikaschoten in kleine Würfel schneiden. Das Olivenöl in einem Schmortopf bei niedriger bis mittlerer Temperatur erhitzen. Die Zwiebeln darin glasig anschwitzen. Anschließend die Paprikawürfel zugeben und 3 Minuten bei niedriger Temperatur mitgaren. Dann die Knoblauchzehen zusammen mit dem Tomatenmark und den Karotten zufügen. Die Zutaten bei mittlerer Temperatur kurz anrösten, dann mit dem Rotwein ablöschen. Nun die Gewürze zufügen.

Die Kalbsbäckchen in den Sud legen und bei aufgesetztem Deckel bei niedriger Temperatur etwa 2–2,5 Stunden darin schmoren.

Wenn das Fleisch weich gegart ist, die Kalbsbäckchen herausnehmen. Den Sud durch ein feines Sieb in einen zweiten Topf passieren und etwas reduzieren. Anschließend 1 EL Butter darin schmelzen und einrühren. Die Sauce mit Salz, Pfeffer und etwas Zucker abschmecken.

FÜR DAS KARTOFFELPÜREE

1 kg mehligkochende Kartoffeln
Salz
250 ml Vollmilch
200 g flüssige Sahne
100 g Butter
frisch gemahlener schwarzer Pfeffer
1 Prise frisch geriebene Muskatnuss

AUSSERDEM

1 EL fein gehackte frische glatte Petersilie

Für das Kartoffelpüree die Kartoffeln in einen Topf geben und mit kaltem Wasser bedecken. Etwas Salz zufügen, das Wasser aufkochen und die Kartoffeln im kochenden Salzwasser bei mittlerer bis hoher Temperatur bissfest garen. Anschließend in ein Sieb abgießen, etwas ausdampfen lassen und pellen. Die Kartoffeln noch warm zu einem Kartoffelstampf verarbeiten.

Inzwischen die Milch und die Sahne in einem kleinen Topf bei niedriger Temperatur erwärmen. Die Butter in kleinen Stückchen zugeben und in der warmen Flüssigkeit schmelzen. Diese lauwarme Milch-Sahne-Butter-Mischung dann portionsweise unter den Kartoffelstampf rühren, bis eine cremige Konsistenz erreicht ist.

ANRICHTEN

Das Kartoffelpüree auf Teller verteilen, das Fleisch darauf anrichten und mit Sauce übergießen. Mit etwas Petersilie bestreuen und servieren.

TIPP

Die geschmorten Kalbsbäckchen schmecken am zweiten Tag noch besser. Das Gericht lässt sich somit hervorragend vorbereiten. Sie können die Fleischstücke außerdem auf Brot als Pintxos servieren.

RAGÚ DE ZANCARRÓN DE TERNERA – RAGOUT VON DER KALBSHAXE
SUKALKI

Das schmackhafte Ragout *sukalki* lässt sich am besten mit italienischem Ossobuco vergleichen. Bei beiden Gerichten wird Kalbshaxe geschmort und die dabei entstehende Sauce ist »para chuparse los dedos« (etwa: zum Hineinlegen). Überall im Baskenland gibt es Wettbewerbe darüber, wer das beste *sukalki* zubereitet. Doch obwohl es so populär ist, steht es in San Sebastián auf kaum einer Speisekarte. Da hilft nur: selbst kochen!

Für 4 Personen | Zubereitungszeit: 50 Minuten plus Garzeit 3 Stunden 20 Minuten

ZUTATEN

1 kg ausgelöste, küchenfertige Kalbshaxe (alternativ: Schulter vom Rind)
4 rote Zwiebeln
2 Stangen Lauch
1 grüne Paprikaschote
1 rote Paprikaschote
4 Karotten
50 ml Olivenöl
Salz
200 ml Cognac
200 ml trockener Weißwein
1 ½ TL *carne de pimiento choricero* (rotes Paprikamark; alternativ: 1 TL geräuchertes Paprikapulver)
4 EL Tomatenmark
Fleischbrühe zum Aufgießen (optional)
600 g vorwiegend festkochende Kartoffeln
Sonnenblumenöl zum Ausbacken der Kartoffeln
250 g tiefgefrore Erbsen
frisch gemahlener schwarzer Pfeffer
Baguette als Beilage

ZUBEREITUNG

Nach Bedarf Fett und Silberhäutchen vom Fleisch entfernen. Das Fleisch trockentupfen und in etwa 5 cm große Stücke schneiden. Die Zwiebeln abziehen. Den Lauch waschen und putzen. Die Paprikaschoten waschen. Die Stielansätze, die Kerne und die Trennhäute entfernen. 1 Karotte putzen und schälen. Das vorbereitete Gemüse in etwa 1 cm große Stücke schneiden.

Das Olivenöl in einem Schmortopf bei mittlerer bis hoher Temperatur erhitzen. Die Fleischstücke leicht salzen und im Öl rundherum scharf anbraten. Anschließend herausnehmen und beiseitestellen.

Das klein geschnittene Gemüse im Schmortopf im Bratfett bei niedriger bis mittlerer Temperatur langsam garen, bis eine weiche, homogene Mischung entsteht. Dann den Cognac angießen und kurz reduzieren. Anschließend den Wein zugießen und fast vollständig reduzieren. Danach das Paprikamark bzw. -pulver und das Tomatenmark einrühren. Diesen Gemüsesugo 3 Minuten sanft köcheln lassen.

Das Fleisch wieder in den Schmortopf geben und den Inhalt mit Wasser oder Fleischbrühe auffüllen, bis das Fleisch ganz bedeckt ist. Bei aufgesetztem Deckel etwa 3 Stunden schmoren.

Inzwischen die Kartoffeln schälen, waschen und in grobe Stücke schneiden. Diese in einer Schüssel mit Wasser bedecken und etwa 15 Minuten ruhen lassen. Anschließend in ein Sieb abgießen und sehr gründlich abtropfen lassen.

Reichlich Sonnenblumenöl in einer Pfanne bei mittlerer bis hoher Temperatur erhitzen. Die Kartoffelstücke darin etwa 7 Minuten leicht goldgelb frittieren, ohne sie komplett durchzugaren. Dann mit einer Siebkelle aus dem Fett nehmen und zum Abtropfen auf eine Platte mit Küchenpapier legen.

Die übrigen 3 Karotten putzen, schälen und in dünne Ringe schneiden.

Nach der 3-stündigen Garzeit den Schmortopf vom Herd nehmen, die Fleischstücke herausheben und beiseitestellen. Die Fettschicht auf dem Sud grob abschöpfen. Den Sud mit einem Stabmixer fein pürieren. Anschließend das Fleisch, die Kartoffeln und die Karotten zufügen. Das *sukalki* erhitzen und bei niedriger Temperatur etwa 20 Minuten leise köcheln lassen, bis die Kartoffeln vollständig gar sind. Nach etwa 10 Minuten die tiefgefrorenen Erbsen in ein feines Sieb geben, kurz mit heißem Wasser abspülen und zu den übrigen Zutaten in den Topf geben. Das Ragout mit Salz und Pfeffer abschmecken.

ANRICHTEN

Das *sukalki* auf Teller verteilen und mit frischem Baguette servieren.

CHULETA A LA PARILLA – GEGRILLTES KOTELETT
TXULETA PLANTXAN

Gegrillte Koteletts bilden klassischerweise den Hauptgang in den rustikalen Siderstuben. Die Köche grillen dabei riesige, saftige Rinderkoteletts von Kühen oder Ochsen. Zu empfehlen sind hier die Koteletts *Txuleton* oder *Chuleton Sidrería* des baskischen Produzenten Txogitxu. Das Fleisch stammt von bis zu 18 Jahre alten Kühen und genießt weltweit einen Spitzenruf. Es ist teuer, ja, aber manchmal muss man sich eben etwas gönnen.

Für 4 Personen | Zubereitungszeit: 15 Minuten

ZUTATEN

FÜR DIE ZUBEREITUNG AUF DEM GRILL

2 ca. 3 cm dicke Rinderkoteletts (à 800–1000 g; z. B. *Txogitxu Txuleton;* online erhältlich)
grobes Meersalz

ZUBEREITUNG AUF DEM GRILL

Die Koteletts mindestens 3 Stunden vor der Zubereitung aus dem Kühlschrank nehmen, damit das Fleisch Zimmertemperatur annehmen kann, dann bleibt es beim Braten saftig.

Den Grill aufheizen. Die Schwarte der Koteletts einmal senkrecht bis zum Fleisch einschneiden (das Fleisch aber nicht einschneiden), so biegt sich das Fleisch beim Grillen nicht. Das temperierte Fleisch auf beiden Seiten auf dem heißen Grill etwa 5 Minuten grillen (entsprechend der gewünschten Garstufe auch länger). Nach dem ersten Wenden kräftig mit grobem Meersalz bestreuen und dieses andrücken.

Das fertig gegarte Fleisch vom Grill nehmen und etwas abkühlen lassen. Anschließend das Salz abreiben und die Schwarte sowie den Knochen abtrennen. Das Fleisch in Scheiben schneiden.

ZUTATEN

FÜR DIE ZUBEREITUNG IN DER PFANNE

4 ca. 1,5 cm dicke Rinderkoteletts (à ca. 400–500 g; z.B. *Txogitxu Txuleton*; online erhältlich)
Butterschmalz zum Grillen
grobes Meersalz

ZUBEREITUNG IN DER PFANNE

Die Koteletts mindestens 1 Stunde vor der Zubereitung aus dem Kühlschrank nehmen, damit das Fleisch Zimmertemperatur annehmen kann, dann bleibt es beim Braten saftig.

Zwei Pfannen bei hoher Temperatur aufheizen. Die Schwarte der Koteletts einmal senkrecht bis zum Fleisch einschneiden (das Fleisch aber nicht einschneiden), so biegt sich das Fleisch beim Braten nicht. Das temperierte Fleisch auf beiden Seiten in der heißen Pfanne in etwas Schmalz etwa 3 Minuten braten (entsprechend der gewünschten Garstufe auch länger). Nach dem ersten Wenden kräftig mit grobem Meersalz bestreuen und dieses andrücken.

Das fertig gegarte Fleisch aus der Pfanne nehmen und etwas abkühlen lassen. Anschließend das Salz abreiben und die Schwarten sowie die Knochen abtrennen. Das Fleisch in Scheiben schneiden.

ANRICHTEN

Die Fleischscheiben mit Salz bestreut servieren. Dazu schmeckt grüner Salat.

TIPP MENÚ DE SIDRERÍA

Tortilla de bacalao (siehe Seite 108)
Bacalao frito con pimientos verdes (siehe Seite 109)
Chuleta a la parilla (siehe Seite 126)
Queso, membrillo y nueces (siehe Seite 178)

STERNEKÜCHE

Das Gebiet um San Sebastián ruht bekanntlich unter einem Michelin-Sternehimmel. Von elf Drei-Sterne-Restaurants in ganz Spanien befinden sich mit dem Arzak, dem Martín Berasategui und dem Akelarre drei in San Sebastián und dem direkten Umland.

INTRO

Insgesamt wartet das Stadtgebiet von San Sebastián mit sechs Sternerestaurants auf:

- Akelarre (3 Sterne)
- Arzak (3 Sterne)
- Amelia (1 Stern)
- eMe Be Garrote (1 Stern)
- Kokotxa (1 Stern)
- Mirador de Ulía (1 Stern)

Dazu gesellen sich weitere fünf nahe gelegene ausgezeichnete Restaurants: Martín Berasategui in Lasarte (3 Sterne), Mugaritz in Errenteria (2 Sterne), Alameda in Hondarribia (1 Stern), Elkano in Getaria (1 Stern) und Zuberoa in Oiartzun (1 Stern).

Abgesehen von den offiziell ausgezeichneten gibt es in San Sebastián noch viele weitere hervorragende Restaurants. Zahlreiche der dort vertretenen Köche und Köchinnen wurden in der Sternegastronomie ausgebildet, was bei der Dichte an Sternerestaurants nicht überrascht. Gemein haben die meisten Restaurants, dass sehr kreativ gekocht wird. Der Chef de Cuisine ist mehr Künstler als Koch. Die Kreationen laufen dann unter dem Namen *cocina de autor* (Autorenküche), was die individuelle Handschrift verdeutlichen soll.

AMELIA

In einem Kochbuch über eine Stadt, in der sich die Sterne so dicht drängen, darf ein Sternemenü nicht fehlen. Auf den nächsten Seiten finden Sie daher Gerichte von Paulo Airaudo, Chef de Cuisine im Restaurant Amelia. Den Abschluss des Kapitels bildet ein Rezept der 3-Sterne-Köchin Elena Arzak.

Das 1-Sterne-Restaurant Amelia befindet sich im Hotel Villa Favorita direkt am Strand La Concha. Es ist ein intim gehaltenes Lokal, in dem sich genussvolle, gemütliche Stunden verbringen lassen. Die Küche ist offen und gewährt interessante Einblicke. Frische, saisonale Zutaten bilden wie üblich in San Sebastián die Basis der Gerichte: »Our goal is to offer a unique experience, creating perfect harmony between seasonal products and technique in the kitchen, expressing itself to its maximum.«

Das Restaurant ist nach Paulo Airaudos Tochter Amélie benannt. Paulo ist gebürtiger Argentinier. Bereits mit 18 Jahren zog es ihn jedoch von dort fort und seine Reise zum Sternekoch begann. Er arbeitet unter anderem in Mexico und Peru, später in Sternerestaurants in London, Italien und auch im Arzak in San Sebastián.

Der Michelin-Stern wurde dem Amelia erstmals 2017 verliehen. Paulo führt außerdem gemeinsam mit Rafael Cagali das 2-Sterne-Restaurant Da Tarra in London.

NOW, MES PETITS..
POUR LA FRANCE!

amelia

AMELIA

by Paulo Airaudo

Das Amelia ist ein familiär gehaltenes Sternerestaurant, welches im Hotel Villa Favorita, direkt am Strand liegt. Es ist unglaublich stimmungsvoll eingerichtet und trotz Sterneniveau geht es nicht »steif« zu. In dieser zwanglosen Atmosphäre können die Gäste entspannt genießen. Schließlich geht es beim Besuch im Amelia nicht allein darum, phantastisch zu essen, sondern auch darum, die hier verbrachten Stunden als Erlebnis zu empfinden. Mehr über das Restaurant lesen Sie auf Seite 135 ¡Buen provecho!

Calle Zubieta, 26
20007 Donostia-San Sebastián
booking@ameliarestaurant.com
+34 943 84 56 47
ameliarestaurant.com

VARIATIONEN VON ROTER BETE, CRÈME-FRAÎCHE-SAUCE UND MAKRELE

Für mehrere Personen soweit nicht anders angegeben

ZUTATEN

FÜR DEN SALZKRUSTENTEIG

200 g Steinsalz
500 g Weizenmehl Type 405

FÜR DIE LAGEN VON ROTER BETE

Salzkrustenteig (siehe oben)
2 große Knollen Rote Bete

FÜR DIE ROTE-BETE-PICKLES

28 g Zucker
50 g Reisweinessig
1 g weiße Pfefferkörner
3 g Fenchelsaat
6 g Salz
1 Knolle Rote Bete
Lagen von Roter Bete (siehe oben)

FÜR DEN ROTE-BETE-SPIEGEL

1 kg Rote Bete (Sorte Crapaudine)
1 kg gewöhnliche Rote Bete
Balsamicoessig

ZUBEREITUNG

Für den Salzkrustenteig das Salz mit dem Mehl vermischen. Dann nach und nach langsam 300 g Wasser zugeben und einarbeiten, bis eine homogene Masse entsteht. Den Teig bis zur Verwendung abgedeckt ruhen lassen.

Für die Lagen von Roter Bete die Rote-Bete-Knollen schälen. Die Knollen anschließend mit einer japanischen Mandoline zu jeweils einem 2 mm dünnen, möglichst langen Streifen schneiden.

Einen 25 cm langen Streifen auslegen und ein Ende zum anderen Ende hin falten. Diesen Vorgang wiederholen, bis ein maximal 10 cm hohes Paket aus Rote Bete entstanden ist. Mit der verbleibenden Roten Bete ebenso verfahren.

Den Trockenofen auf 180 °C vorheizen. Den Salzkrustenteig 0,5 cm dick ausrollen. Die Rote-Bete-Pakete darin einschlagen und im Ofen etwa 24 Minuten backen, bis sie eine Kerntemperatur von 90 °C erreicht haben. Dann aus dem Ofen nehmen und auskühlen lassen.

Die erkalteten Päckchen öffnen und die Rote-Bete-Pakete herausnehmen. Die gefalteten Seiten abtrennen und zusammen mit der jeweils obersten und untersten Lage entsorgen. (Diese Stücke sind sehr salzig.) Die Rote-Bete-Lagen beiseitestellen.

Für die Rote-Bete-Pickles alle Zutaten bis auf die Rote-Bete-Knolle und die Rote-Bete-Lagen zusammen mit 78 g Wasser aufkochen. Dann den Topf vom Herd nehmen, mit Frischhaltefolie abdecken und 5 Minuten ziehen lassen. Anschließend diese Beize durch ein Spitzsieb passieren.

Die Rote-Bete-Knolle schälen und mit der japanischen Mandoline in sehr dünne Scheiben schneiden. Die Rote-Bete-Lagen in 1 × 10 cm große Rechtecke schneiden. Jeweils 50 g Rote Bete und 10 g der Beizflüssigkeit in einen Vakuumbeutel geben und vakuumieren. 24 Stunden ruhen lassen.

FÜR DAS KERBELÖL

100 g frischer Kerbel
150 g Sonnenblumenöl
5 g Salz

FÜR DIE CRÈME-FRAÎCHE-SAUCE

400 g Crème fraîche
180 g Vollmilch
Olivenöl
Salz

FÜR DAS ROTE-BETE-PÜREE

100 g grobes Salz
345 g Rote Bete Sorte Crapaudine
5 g Champagneressig
Rote-Bete-Saft
Salz

FÜR DIE FISCHLAKE

70 g Salz
30 g Zucker
0,1 g Ascorbinsäure
1 g Katsobushi (japanisches Würzmittel aus getrocknetem, geräucherten Bonito; im Asialaden oder online erhältlich)

FÜR DAS GEGRILLTE SPANISCHE MAKRELENFILET

30 g spanisches Makrelenfilet mit Haut (pro Person)
60 ml Fischlake (siehe oben)

Für den Rote-Bete-Spiegel die Roten Beten waschen und entsaften. Den Saft durch ein Passiertuch in einen Topf passieren, aufkochen und auf die Hälfte reduzieren. Anschließend etwas Balsamicoessig zugeben und die Flüssigkeit weiterköcheln lassen, bis die dickflüssige Konsistenz eines Spiegels erreicht ist. Dann zügig abkühlen lassen und beiseitestellen.

Für das Kerbelöl alle Zutaten in einer Thermo-Küchenmaschine 10 Minuten auf höchster Stufe mixen. Das Öl anschließend durch ein Spitzsieb in einen Spritzbeutel füllen und über Nacht darin ruhen lassen. Am nächsten Tag den Beutel öffnen und die sich abgesetzten Rückstände entfernen. Das filtrierte Öl bis zur Verwendung aufbewahren.

Für die Crème-fraîche-Sauce die Crème fraîche und die Milch miteinander verrühren. Die Mischung mit Olivenöl und Salz würzen. Die Sauce in einen Vakuumbeutel abseihen, vakuumieren und bis zum Anrichten beiseitestellen.

Für das Rote-Bete-Püree das Salz in einer kleinen Auflaufform verteilen. Die Roten Beten waschen, auf das Salzbett setzen und im vorgeheizten Backofen bei 180 °C und trockener Hitze in etwa 1½ Stunden vollständig weich garen. Vor dem Herausnehmen mit einem Messer einstechen und prüfen, ob die Knollen weich sind. Nach Bedarf länger garen.

Die weichen Roten Beten aus dem Ofen nehmen und etwas abkühlen lassen. Dann schälen und im Mixer zusammen mit dem Essig glatt pürieren. So viel Rote-Bete-Saft untermixen, bis eine cremige Konsistenz entstanden ist. Das Rote-Bete-Püree mit Salz abschmecken, durch ein Sieb streichen und ebenfalls beiseitestellen.

Für die Fischlake alle Zutaten mit 1 kg Wasser vermischen. Einige Minuten beiseitestellen. Für das gegrillte Makrelenfilet werden im Folgenden nur 60 ml benötigt.

Für das gegrillte Makrelenfilet das Fischfilet für etwa 15 Minuten in die Lake geben. Anschließend herausnehmen und auf der Hautseite 2 Minuten grillen, bis es leicht gegart ist.

ANRICHTEN

Pro Person 1 TL des Rote-Bete-Spiegels mittig auf einen Teller geben. Das gegrillte Makrelenfilet daraufsetzen. Etwas Rote-Bete-Püree darauf streichen und Rote-Bete-Pickles darüber verteilen. 1 EL Crème-fraîche-Sauce daneben setzen und etwas Kerbelöl kreisförmig darüberträufeln.

GEGRILLTE AUBERGINEN, STRACCIATELLA UND KALAMATA-OLIVEN

Für mehrere Personen soweit nicht anders angegeben

ZUTATEN

FÜR DIE SALSA-CRIOLLA-CREME

700 g enthäutete und entkernte Tomaten, gewürfelt
800 g abgezogene Zwiebeln, gewürfelt
700 g von den Kernen befreite rote Paprikaschoten, gewürfelt
30 g abgezogene Knoblauchzehen
200 g alkoholhaltiger Essig
400 g Sonnenblumenöl
Salz
6 g frühblühender Thymian
1 Lorbeerblatt

FÜR DIE GEGRILLTE AUBERGINEN

1 Baby-Aubergine pro Person

FÜR DIE STRACCIATELLA-CREME

500 g Stracciatella di bufala (cremiger Büffelmilchkäse)
Olivenöl
Salz

ZUBEREITUNG

Für die Salsa-criolla-Creme alle Zutaten mit 100 g Wasser vermengen. Abgedeckt 24 Stunden ruhen lassen.

Für die gegrillte Aubergine die Aubergine waschen und für 25 Minuten bei 100 % feuchter Hitze (z. B. in einem Dampfgarer) garen. Sofern die Aubergine danach noch nicht weich ist, weitere 5 Minuten dämpfen. Dann herausnehmen und bis zum Erkalten pressen. Dafür mit einem schweren Gewicht (z.B. mit einem mit Wasser gefüllten Metallgefä), beschweren. Die dabei austretende Flüssigkeit auffangen und für die Honig-Dukkah-Glasur verwenden. Die erkaltete Aubergine schälen. Die Schalen für die Honig-Dukkah-Glasur beiseitestellen. Das Auberginenfruchtfleisch bis zum Anrichten aufbewahren.

Für die Stracciatellacreme den Käse im Mixer weich pürieren. Dann mit Olivenöl und Salz abschmecken.

Für die Oliven-Vinaigrette die Oliven nach Bedarf trockentupfen und leicht angrillen. Anschließend die Steine entfernen und die Oliven entsaften. Die aufgefangene Flüssigkeit mit Olivenöl und Essig zu einer Vinaigrette verrühren. Diese mit Salz und Pfeffer abschmecken.

Für die Honig-Dukkah-Glasur die Auberginenschalen in der aufgefangenen Garflüssigkeit für 10 Minuten einweichen. Bei Bedarf etwas Wasser zufügen, bis die Schalen komplett bedeckt sind.

Die Flüssigkeit anschließend in einen Topf abseihen und auf die Hälfte reduzieren. Dann den Honig und die Dukkah-Gewürzmischung unterrühren. Die Glasur für 8 Minuten auf dem ausgeschalteten Herd ziehen lassen. Dann beiseitestellen.

Die geschälte Aubergine grillen, dabei immer wieder mit der Honig-Dukkah-Glasur einstreichen.

FÜR DIE OLIVEN-VINAIGRETTE

1 kg Kalamata-Oliven mit Stein
Olivenöl
Essig
Salz
frisch gemahlener schwarzer Pfeffer

FÜR DIE HONIG-DUKKAH-GLASUR

Auberginenschalen (entstehen bei der Zubereitung der gegrillten Aubergine)
200 g Garflüssigkeit der Aubergine (entsteht bei der Zubereitung der gegrillten Aubergine)
100 g flüssiger Honig
Dukkah (afrikanisch-arabische Nuss-Gewürze-Mischung; in afrikanischen Lebensmittelläden oder online erhältlich)

ANRICHTEN

2 TL der Stracciatellacreme auf einen Teller geben. Die gegrillte Aubergine seitlich danebensetzen. Etwas Oliven-Vinaigrette darauf träufeln und ½ TL der Salsa-criolla-Creme darauf drapieren.

PETERSILIENRISOTTO & MEERESSCHNECKEN

Für mehrere Personen soweit nicht anders angegeben

ZUTATEN

FÜR DAS PETERSILIENPÜREE

200 g Blätter frische glatte Petersilie
15 g Salz

FÜR DEN GEPUFFTEN WILDREIS

500 g Traubenkernöl
20 g Wildreis
Salz

FÜR DIE GESCHMORTEN MEERESSCHNECKEN

150 g Butter
70 g Lauch (nur die weißen Teile), brunoise geschnitten
300 g Frühlingszwiebel, brunoise geschnitten
200 g iberischer Schweineschinken, gewürfelt
40 g frische Petersilie, gehackt
30 g abgezogener Knoblauch, brunoise gehackt
500 g Weißwein, auf 300 g reduziert
100 g dunkle Hühnerbrühe
200 g weiße Hühnerbrühe
2 kg Meeresschnecken
50 g Tomatenmark

ZUBEREITUNG

Für das Petersilienpüree die Petersilienblätter waschen und etwa 1½ Minuten in leicht gesalzenem Wasser blanchieren, bis sie vollständig gar sind. Anschließend direkt in Eiswasser geben. Das Kochwasser aufbewahren.

Die Petersilienblätter unter Zugabe von etwas Kochwasser pürieren, bis ein cremiges Püree entstanden ist. 50 g für das Risotto aufbewahren, das übrige Püree zur späteren Verwendung portionsweise einfrieren.

Für den gepufften Wildreis das Öl in einer Pfanne auf 200 °C erhitzen. Den Reis darin etwa 15 Sekunden frittieren, bis die Körner aufgepufft sind. Den Reis dann aus dem Öl heben und auf Küchenpapier abtropfen lassen. Mit etwas Salz würzen und beiseitestellen.

Für die geschmorten Meeresschnecken die Butter in einer großen Pfanne schmelzen. Den Lauch und die Frühlingszwiebeln darin unter ständigem Rühren bei niedriger Temperatur pochieren, bis sie zusammenfallen und cremig werden. Dann die Schinkenwürfel, die Petersilie und den Knoblauch untermengen. Die Mischung weitere 5 Minuten köcheln lassen.

Den reduzierten Wein und die beiden Hühnerbrühen mischen und in die Pfanne gießen. Die Meeresschnecken und das Tomatenmark zufügen. Den Pfanneninhalt etwa 45 Minuten kochen, bis die Meeresschnecken gar sind. Die Konsistenz mit einem Stäbchen prüfen.

Wenn die Meeresschnecken gar sind, diese aus der Pfanne nehmen und den Sud durch ein Sieb in einen Topf passieren. Darin reduzieren, bis eine helle und karamellartige Sauce entstanden ist.

Für das Petersilienrisotto den gehackten Knoblauch im Olivenöl pochieren, bis er leicht karamellisiert. Dann den Reis einrühren und kurz mit anschwitzen. Nun heiße Gemüsebrühe angießen, bis der Reis damit vollständig bedeckt ist. Etwa

FÜR DAS PETERSILIEN-RISOTTO

24 g abgezogener Knoblauch, gehackt
8 g natives Olivenöl extra vergine
100 g Vialone nano (Risottoreis)
heiße Gemüsebrühe
20 g Weißwein
30 g Butter
50 g Petersilienpüree (siehe oben)
geriebener Pecorino
Salz

ZUM ANRICHTEN

Blätter frische glatte Petersilie

15 Minuten köcheln lassen. Anschließend wieder etwas heiße Gemüsebrühe unterrühren und so lange köcheln lassen, bis der Reis die gesamte Flüssigkeit aufgenommen hat. Den Vorgang wiederholen, bis das Risotto eine cremige Konsistenz erreicht hat.

Den Weißwein, die Butter, das Petersilienpüree und den Pecorino unter das Risotto mengen und rühren, bis die perfekte Textur erreicht ist. Zum Schluss das Risotto mit Salz abschmecken.

ANRICHTEN

Das Petersilienrisotto auf Teller geben. Ein paar Meeresschnecken darauf verteilen und die Meeresschnecken-Sauce spiralförmig darüber träufeln. Etwas gepufften Reis darüber streuen und mit frischen Petersilienblättern garnieren.

ZIEGENKÄSE-FLAN MIT SÜSSKARTOFFEL-KARAMELL

Für mehrere Personen, soweit nicht anders angegeben

ZUTATEN

FÜR DIE DULCE DE BATATA

600 g gekochte und geschälte Süßkartoffel
500 g Zucker
6 g Agar-Agar

FÜR DAS SÜSSKARTOFFEL-KARAMELL

100 g Zucker
100 g *dulce de batata* (siehe oben)

FÜR DEN ZIEGENKÄSE-FLAN

1,5 kg Vollmilch
250 g Ziegenfrischkäse
500 g flüssige Sahne
650 g Frischkäse
350 g Zucker
300 g Eier
280 g Eigelb

ZUBEREITUNG

Für die *dulce de batata* alle Zutaten in die Thermo-Küchenmaschine geben und etwa 10 Minuten auf Stufe 5 pürieren. Dann das Püree darin 30 Minuten bei 100 °C und Geschwindigkeit 3 kochen. Anschließend durch ein Spitzsieb passieren und abkühlen lassen, bis es vollständig fest ist.

Für das Süßkartoffelkaramell den Zucker und die *dulce de batata* in eine Pfanne geben. 200 g Wasser angießen und unter Rühren mit einem Schneebesen auf 103 °C erhitzen. Danach durch ein Sieb streichen und beiseitestellen.

Für den Ziegenkäseflan die Milch und den Ziegenkäse in einem Topf verrühren. Die Mischung auf 60 °C erwärmen und anschließend für 15 Minuten im Kühlschrank ziehen lassen. Anschließend die Sahne, den Frischkäse und den Zucker einrühren. Die Mischung unter Rühren erneut auf 60 °C erwärmen. Dann auf 40 °C abkühlen lassen.

Zunächst eine Hälfte der Mischung glatt mixen. Anschließend die übrige Hälfte. Nun alles mit dem Ei und den Eigelben verrühren und aufmixen, bis die Zutaten vollständig eingearbeitet sind. Die Masse dann abgedeckt 12 Stunden ruhen lassen. Die Masse nach der Ruhezeit dreimal vakuumieren, um die überschüssige Luft aus der Mischung zu ziehen.

Förmchen mit Frischhaltefolie auskleiden. Je 50 g der Flanmasse hineingeben. Die Förmchen in einer Auflaufform verteilen. Die Auflaufform mit Frischhaltefolie umwickeln und einige Löcher hineinschneiden. Den Flan im vorgeheizten Backofen bei 95 °C Heißluft 45 Minuten garen. Anschließend abkühlen lassen.

ANRICHTEN

Die Flans aus den Förmchen auf Teller stürzen und mit dem Süßkartoffelkaramell bedecken.

MAKRELE, PATXARAN UND LILA KARTOFFEL

Für mehrere Personen, soweit nicht anders angegeben

ZUTATEN

FÜR DIE MARINIERTE MAKRELE

1 frische küchenfertige Makrele (ca. 600 g)
Salz
500 ml Weißweinessig
500 ml Patxaran (spanischer Anis-Schlehen-Likör)
200 ml Olivenöl (0,4 % Fettsäure)

FÜR DIE LILA KARTOFFEL

25 g getrocknete, vorgekochte lila Kartoffelscheiben (dehydriert)

FÜR DIE »AJO BLANCO« (WEISSE KNOBLAUCH-MANDEL-SUPPE)

100 g getrocknetes Weißbrot, ohne Rinde
1 kleine Knoblauchzehe
75 g spanische Marcona-Mandeln
125 ml Vollmilch
200 ml Olivenöl
Salz

ZUBEREITUNG

Die Makrele säubern und filetieren. Sorgfältig alle Gräten entfernen. Die Fischfilets mit Salz würzen, in den Weißweinessig legen und 30 Minuten marinieren lassen. Anschließend abtropfen lassen, in den Patxaran legen und weitere 30 Minuten marinieren lassen. Dann abtropfen lassen und bis zum Anrichten in Olivenöl einlegen.

Für die lila Kartoffel die dehydrierten Kartoffelscheiben in einen Mixer geben und zu feinem Pulver mahlen. Das Kartoffelpulver bis zum Anrichten in einem luftdicht verschlossenen Behälter verwahren.

Für die »Ajo Blanco« (Weiße Knoblauch-Mandel-Suppe) das getrocknete Weißbrot in kaltes Wasser einlegen. Sobald es sich vollgesogen hat, mit den Händen vorsichtig überschüssiges Wasser ausdrücken. Das eingeweichte Brot in einen Mixer geben. Die Knoblauchzehe schälen, hacken und zugeben. Dann die Mandelkerne, die kalte Vollmilch und das Olivenöl dazugeben und alles zu einer cremigen Emulsion mixen. Die Suppe mit Salz abschmecken.

FÜR DEN LAUCH

2 junge Stangen Lauch
20 g Butter
Salz
weißer Pfeffer aus der Mühle

Die Lauchstangen gründlich putzen. Die grünen Bestandteile abschneiden und anderweitig verwenden. Das Weiße vom Lauch in 2,4 cm lange Stücke schneiden. Die Butter in einer Pfanne schmelzen. Die Lauchstücke darin bei milder Temperatur braten, bis sie anfangen, Farbe anzunehmen. Den Lauch mit Salz und frisch gemahlenem Pfeffer würzen.

ZUM ANRICHTEN

frische Kräutersprossen und frische essbare Blüten der Saison

ANRICHTEN

Die marinierten Makrelenfilets in fingerdicke Scheiben schneiden und leicht gebogen auf vier Tellern anrichten. Daneben einige Lauchstücke setzen und etwas »Ajo blanco« angießen. Alles mit lila Kartoffelpulver bestreuen und mit Kräutersprossen und essbaren Blüten garnieren.

Pantxineta
especialidad de la casa

SÜSSES & GETRÄNKE

Die Basken sind keine große Dessertnation. Ein Menü wird statt mit einer Nachspeise lieber mit Käse abgeschlossen, idealerweise mit baskischem Idiazábal-Schafsmilchkäse. Dieser bildet zusammen mit Apfelkonfekt und Nüssen auch den klassischen Menüabschluss in Siderhäusern.

INTRO

LA VIDA ES DULCE

Die wenigen traditonellen baskischen Süßspeisen sind sehr bodenständig und kommen meist mit einer Handvoll einfacher Zutaten aus, zu denen Milch, Zucker und Mehl gehören. Desserts mit sehr langer Tradition gibt es kaum. Zu ihnen zählen die *intxaur saltsa*, eine Creme aus Walnüssen, Milch und Zimt, und die *mamia*, eine selbst gemachte Dickmilch. Besonders bei Letzterer ist der rurale Ursprung unverkennbar.

Aus den noch vor 100 Jahren vorherrschenden armen Verhältnissen konnte sich letztlich auch keine wirkliche Süßspeisentradition entwickeln. Denn Süßspeisen dienen nun einmal dem Genuss und sind keine Notwendigkeit, um satt zu werden. Also wurden sie selten zubereitet. Man Griff eher zu frischem Obst aus dem Garten.

Es scheint also so, als wären die Basken generell nicht unbedingt für Süßes zu haben. Doch wieder einmal wird man überrascht, denn für Schokolade und Eiscreme (siehe Seite 192–193) haben die Basken eine Vorliebe. Die Schokoladen-Vorliebe ist historisch begründet, denn im 19. Jahrhundert befanden sich hier zahlreiche Schokoladenfabriken; und Kakao zu trinken, war alltäglich.

BACKWAREN, SCHOKOLADE & EISCREME

Obwohl Süßspeisen im Baskenland weniger bedeutsam sind, kommt von dort einer der weltweit bekanntesten Käsekuchen. Genauer gesagt aus dem Restaurant La Viña in San Sebastián. Er ist an seiner dunklen, beinahe schwarzen Oberfläche zu erkennen, die ihn als *burned cheesecake* um die Welt gehen ließ. Er ist außerdem besonders samtig und cremig. Da er mit Frischkäse zubereitet wird und nicht wie bei uns üblich mit Quark, hat er mehr mit dem New York Cheesecake gemein als mit dem bei uns verbreiteten Käsekuchen.

Daneben gelten zudem die *pantxineta* und der *pastel vasco* als emblematisch. Beide werden mit einer Puddingcreme gefüllt, die auch für viele andere Backwaren verwendet wird.

SCHMELZTIEGEL

Da es nun im Baskenland keine lange Dessertradition gibt, haben es sich Süßspeisen aus anderen Ländern und Regionen auf den Speisekarten bequem gemacht. Vor einigen Jahren etwa erlebten Arme Ritter bzw. French Toasts ein Revival und auch Schokobrownies werden häufig serviert. Ebenso gehört der spanische *arroz con leche* im Baskenland zum Standardrepertoire.

Plum Cake
CONFITERIA
Otaegui
SAN SEBASTIAN

CASA OTAEGUI

Traditionsreiche Konditorei seit 1886

Die Konditorei Casa Otaegui ist ein Familienunternehmen mit über 130-jähriger Geschichte. Damit ist sie die älteste *pastelería* in San Sebastian. Bekannt ist sie besonders für die *panchineta* bzw. auf Baskisch *pantxineta*, einen knusprigen Blätterteigkuchen mit Vanillefüllung und einer dünnen Schicht feinster Mandeln. Das Gebäck gehört zu den traditionsreichsten Süßspeisen des Baskenlandes und wurde in den *1930er-Jahren* von der Urgroßmutter des heutigen Besitzers kreiert. Noch heute wird die *pantxineta* täglich frisch gebacken. Seine ausgezeichneten Konditorwaren machten das Unternehmen im letzten Jahrhundert sogar zum Hoflieferanten der königlichen Familie.

Casa Otaegui (Parte Vieja)
Narrika Kalea 15
20003 Donostia-San Sebastián
+ 34 943 425 606
pasteleriaotaegui.com

BROWNIES CON HELADO DE VAINILLA – BROWNIES MIT VANILLEEIS
BROWNIES BAINILA IZOZKIAREKIN

Auch wenn Brownies natürlich nicht im Baskenland erfunden wurden, stehen sie auf sehr vielen Speisekarten. Somit ein modernes Kultgericht und einfach immer köstlich!

Für 8 Brownies | Zubereitungszeit: 10 Minuten plus Backzeit 50 Minuten

ZUTATEN

50 g Weizenmehl Type 405
50 g Backkakao
125 g Zucker
1 EL Puderzucker
¼ TL Salz
60 ml neutrales Pflanzenöl plus mehr für die Form
1 Ei (Größe L)
¼ TL Vanillemark
40 g Schokotröpfchen
Vanilleeis zum Servieren

ZUBEREITUNG

Den Ofen auf 160° C Ober-/Unterhitze vorheizen.

Das Mehl, den Kakao, den Zucker, den Puderzucker und das Salz in einer Schüssel vermengen. In einer zweiten Schüssel das Öl mit dem Ei und dem Vanillemark verrühren. Das Öl-Ei-Vanille-Gemisch zu den trockenen Zutaten in die Schüssel geben und alles gründlich verrühren. Zuletzt die Schokotröpfchen unterheben.

Eine quadratische Backform (20 x 20 cm) einfetten. Den Teig einfüllen und gleichmäßig darin verstreichen. Die Brownies dann im vorgeheizten Ofen auf der mittleren Schiene 40–50 Minuten backen. Vor dem Herausnehmen mit einem Holzstäbchen in den Kuchen stechen. Beim Herausziehen sollte noch etwas Teig am Stäbchen kleben. Dann aus dem Ofen nehmen und mindestens 2 Stunden abkühlen lassen.

ANRICHTEN

Zum Anrichten die Brownies in Stücke schneiden und mit etwas Vanilleeis servieren.

PASTEL NAVIDEÑO – PLUM CAKE MUFFINS
GABONETAKO PASTELA

Der traditionelle Plum Cake hat sich aus England über Frankreich seinen Weg ins Baskenland gebahnt. Eher unüblich für Spanien wurde der englische Name beibehalten.

Für 8 Muffins | Zubereitungszeit: 15 Minuten plus Backzeit 25 Minuten

ZUTATEN

100 g Rosinen
40 ml Rum
150 g Butter plus mehr für die Form
125 g Zucker
4 Eier (Größe M)
200 g Weizenmehl Type 405
½ Päckchen Backpulver
50 g Cocktailkirschen, abgetropft
Puderzucker zum Bestäuben

ZUBEREITUNG

Die Rosinen im Rum einweichen. Den Backofen auf 160 °C Ober-/Unterhitze vorheizen. 8 Mulden eines Muffinblechs gut einfetten.

Die Butter mit dem Zucker cremig hell aufschlagen. Dann die Eier einzeln unterrühren. Das Mehl mit dem Backpulver mischen und unter die Buttermasse rühren. Anschließend die eingeweichten Rosinen und die Cocktailkirschen unterheben.

Den Teig auf die eingefetteten Mulden verteilen und die Muffins im vorgeheizten Ofen etwa 25 Minuten backen. Anschließend aus dem Ofen nehmen und in der Form abkühlen lassen.

ANRICHTEN

Die Muffins aus der Form lösen und mit Puderzucker bestäubt servieren.

RELLENO DE VERGARA – GEFÜLLTER BISKUIT AUS VERGARA

BERGARAKO ERREILENO

Wenn Sie in Donostia in einer Konditorei *(pastelería)* vorbeischauen, werden Sie mit Sicherheit auch auf die *rellenos de Vergara* stoßen. Die kleinen Kuchen sind das Aushängeschild der Stadt Vergara (auch: Bergara), die im Bergland von Gipuzkoa etwa 45 Autominuten von San Sebastián entfernt liegt. Die Köstlichkeiten sind aber auch in San Sebastián nicht von den Kuchentheken wegzudenken.

Für ca. 12 Stücke | Zubereitungszeit: 45 Minuten plus Backzeit 35 Minuten plus Abkühlzeit

ZUTATEN

FÜR DEN BISKUIT

3 Eier (Größe M)
1 Prise Salz
125 g Zucker
50 g Puderzucker
125 g Weizenmehl Type 550

FÜR DIE FÜLLUNG

125 g Zucker
6 Eigelb (Eier Größe M)
Sonnenblumenöl zum Einfetten

AUSSERDEM

100 g Zucker für die Glasur
Saft von ½ Zitrone
gemahlener Zimt zum Bestreuen

ZUBEREITUNG

Für den Biskuit den Backofen auf 180 °C Ober-/Unterhitze vorheizen. Die Eier trennen und das Eiweiß mit 1 Prise Salz steif schlagen. Das Eigelb mit dem Zucker und dem Puderzucker dickschaumig aufschlagen. Danach den Eischnee gleichmäßig unter die Eigelb-Zucker-Masse ziehen. Das Mehl über die Masse sieben und vorsichtig unterheben, bis keine Mehlnester mehr zu sehen sind.

Ein Backblech mit Backpapier bedecken und den Teig darauf verstreichen. Die Masse im vorgeheizten Backofen auf mittlerer Schiene in etwa 15 Minuten goldbraun backen. Anschließend aus dem Ofen nehmen und etwas abkühlen lassen. Den Biskuit dann auf ein Kuchengitter stürzen, das Backpapier abziehen und vollständig erkalten lassen.

Für die Füllung den Zucker mit 150 ml Wasser in einen Topf geben und bei mittlerer bis hoher Temperatur unter gelegentlichem Rühren auflösen. Anschließend das Eigelb über einem Wasserbad dickschaumig aufschlagen. Bei niedriger Temperatur den zubereiteten Zuckersirup unter Rühren langsam einfließen lassen. Die Eigelb-Zucker-Masse so lange rühren, bis sie eindickt. Anschließend vom Wasserbad nehmen und die Masse erkalten lassen. Damit sich keine Haut bildet, ein Stück Backpapier auf die Größe und Form der Schüssel zuschneiden, mit ein wenig Sonnenblumenöl bestreichen und mit der eingeölten Seite auf die Füllung legen.

Zum Füllen den Biskuit in der Mitte vertikal teilen. Eine Hälfte mit der Füllung bestreichen. Die andere Hälfte aufsetzen und das Gebäck in kleine Rechtecke schneiden.

Für die Glasur den Zucker mit dem Zitronensaft und 2 EL Wasser in einen Topf geben. Den Zucker bei mittlerer bis hoher Temperatur unter gelegentlichem Rühren in der Flüssigkeit auflösen. Dann einige Minuten bei niedriger Temperatur mit einem Schneebesen aufschlagen, bis der Sirup weiß und dickflüssig ist. Inzwischen den Backofen auf 180 °C Ober-/Unterhitze vorheizen.

Die gefüllten Kuchenstücke mit Hilfe zweier Gabeln im Sirup wenden und anschließend auf ein mit Backpapier belegtes Backblech setzen. Die Stücke mit etwas Zimt bestreuen und für 3–5 Minuten im vorgeheizten Ofen erwärmen, um die Zuckerglasur zu trocknen. Dann aus dem Ofen nehmen und abkühlen lassen.

ANRICHTEN

Die abgekühlten Stücke in Pergament-Papier eingeschlagen servieren.

Casa Otaegui

TORTA CREMOSA DE HOJALDRE – CREMIGE BLÄTTERTEIGTORTE

PANTXINETA

Die *pantxineta* ist ein absolutes Kultgebäck. Das Ursprungsrezept wurde zu Beginn des 20. Jahrhunderts in der Konditorei Casa Otaegui in San Sebastián entwickelt. Die Casa Otaegui gibt es noch heute und die *pantxineta* ist nach wie vor eines der beliebtesten Backwaren und das Aushängeschild der Konditorei.

Für etwa 8 Stücke | Zubereitungszeit: 30 Minuten plus Kühlzeit 30 Minuten plus Backzeit 40 Minuten

ZUTATEN

FÜR DIE FÜLLUNG

- 2 gestr. EL Maisstärke (Speisestärke)
- 3 Eigelb (Größe M)
- 350 ml Vollmilch
- ¼ TL fein abgeriebene Schale von 1 unbehandelten Zitrone
- ½ Vanilleschote
- 1 Zimtstange
- 50 g Zucker

AUSSERDEM

- 1 Rolle Blätterteig (ca. 275 g; Kühltheke)
- 1 Eiweiß
- 50 g gehackte blanchierte Mandelkerne

ZUBEREITUNG

Für die Füllung die Maisstärke mit dem Eigelb und etwas Milch glatt rühren. Die übrige Milch zusammen mit dem Zitronenabrieb, der ½ Vanilleschote, der Zimtstange und dem Zucker in einen kleinen Topf geben. Die Mischung unter gelegentlichem Rühren bei hoher Temperatur aufkochen. Den Topf dann vom Herd nehmen und zum Aromatisieren 5 Minuten ruhen lassen.

Die Vanilleschote und die Zimtstange anschließend entfernen. Die Stärke-Eigelb-Mischung nach Bedarf erneut glatt rühren und in die aromatisierte Milch geben. Die Mischung unter Rühren mit einem Schneebesen aufkochen. Dann auf der ausgeschalteten Herdplatte etwa 1 Minute köcheln lassen. Danach 30 Minuten abkühlen lassen. Zwischendurch gelegentlich umrühren.

Den Ofen auf 175 °C Ober-/Unterhitze vorheizen. Mithilfe eines runden Gegenstandes (z.B. einem Teller) aus dem Blätterteig einen Kreis mit einem Durchmesser von etwa 24 cm ausschneiden. Diesen auf ein mit Backpapier belegtes Backblech legen. Den übrigen Blätterteig zu einer Kugel formen und rund ausrollen. Erneut einen Kreis mit einem Durchmesser von 24 cm ausschneiden.

Die Füllung mittig auf dem Blätterteig auf dem Backblech verteilen, dabei einen etwa 2 cm breiten Rand lassen. Diesen mit etwas Eiweiß einpinseln. Die zweite Blätterteigscheibe darauflegen und am Rand fest andrücken. Die Oberfläche mit dem übrigen Eiweiß einstreichen. Die gehackten Mandeln darüberstreuen und die *pantxineta* im vorgeheizten Ofen auf mittlerer Schiene etwa 40 Minuten backen. Anschließend aus dem Ofen nehmen und lauwarm abkühlen lassen.

ANRICHTEN

Die *pantxineta* in Stücke geschnitten lauwarm oder kalt servieren.

TARTA DE MANZANA – APFELTARTE
SAGAR TARTA

Äpfel gehören schon wegen des Sidra einfach zum Baskenland. Hier in Form einer einfachen Tarte mit einer Konditorcreme, die man in einigen Rezepten findet. Apfeltartes können Sie sich in vielen Restaurants in San Sebastián schmecken lassen.

Für 1 Spring- oder Tarteform (Ø 26 cm) | Zubereitungszeit: 30 Minuten plus Kühlzeit 1 Stunde 30 Minuten plus Backzeit 25 Minuten

ZUTATEN

FÜR DEN TEIG

160 g weiche Süßrahmbutter
½ TL Salz
1 TL Zucker
1 Eigelb (von 1 Ei Größe S)
3 EL Vollmilch
225 g Weizenmehl Type 405

FÜR DIE FÜLLUNG

2 ½ gestr. EL Maisstärke (Speisestärke)
3 Eigelb (von Eiern Größe L)
400 ml Vollmilch
¼ TL fein abgeriebene Schale von 1 unbehandelten Zitrone
½ Vanilleschote
1 Zimtstange
50 g Zucker

ZUBEREITUNG

Für den Teig die Butter cremig aufschlagen. Dann das Salz, den Zucker, das Eigelb und die Milch unterrühren. Das Mehl portionsweise hineinsieben und einkneten, bis ein homogener Teig entsteht. Bei Bedarf noch etwas Milch oder Mehl zufügen. Die Masse zu einer Kugel formen und in Frischhaltefolie eingewickelt 1 Stunde kühl stellen.

Inzwischen für die Füllung die Maisstärke mit dem Eigelb und etwas Milch glatt rühren. Die übrige Milch zusammen mit dem Zitronenabrieb, der Vanilleschote, der Zimtstange und dem Zucker in einen kleinen Topf geben. Die Mischung unter gelegentlichem Rühren bei hoher Temperatur aufkochen. Den Topf dann vom Herd nehmen und zum Aromatisieren 5 Minuten ruhen lassen.

Die Vanilleschote und die Zimtstange anschließend entfernen. Die Stärke-Eigelb-Mischung nach Bedarf erneut glatt rühren und in die aromatisierte Milch geben. Die Mischung unter Rühren mit einem Schneebesen bei mittlerer bis hoher Temperatur aufkochen. Dann auf der ausgeschalteten Herdplatte etwa 1 Minute köcheln lassen. Danach 30 Minuten abkühlen lassen. Zwischendurch gelegentlich umrühren.

Den Backofen auf 190 °C Ober-/Unterhitze vorheizen. Eine Spring- oder Tarteform (Ø 26 cm) gut mit Butter einfetten und mit Mehl ausstäuben. Den gekühlten Teig auf einer leicht bemehlten Arbeitsfläche etwa 3 cm größer als die Form ausrollen. Die Form damit auskleiden und einen Rand aufstellen. Den Teig mit Frischhaltefolie bedecken und bis zum Befüllen erneut kühl stellen.

Die Äpfel schälen und vierteln. Die Stiele und Kerngehäuse entfernen. Die Apfelschnitze in schmale Scheiben schneiden. Die Frischhaltefolie vom Teig nehmen. Die Füllung auf den Teig geben und gleichmäßig verstreichen.

AUSSERDEM

Butter zum Einfetten
Weizenmehl Type 405 zum Arbeiten
3 kleine Äpfel z.B. Sorte Elstar (ca. 800 g)
75 g Aprikosengelee

Die Äpfel ringförmig leicht überlappend darauf verteilen. Den Kuchen im vorgeheizten Ofen auf mittlerer Schiene etwa 25 Minuten backen.

Anschließend aus dem Ofen nehmen und lauwarm abkühlen lassen. Inzwischen die Aprikosenkonfitüre mit 50 ml Wasser glatt rühren und die Äpfel damit bestreichen.

ANRICHTEN

Den Kuchen in Stücke schneiden und lauwarm oder kalt servieren.

PASTEL VASCO – BASKISCHER KUCHEN
ETXEKO BISKOTXOA

Ein Vorläufer des *pastel vasco* wurde bereits im Mittelalter zubereitet. Sein Ursprung liegt im französischen Teil des Baskenlandes. Lange Zeit füllte man ihn mit Früchten der Saison, gegen Ende des 19. Jahrhunderts begann man ihn mit der heute üblichen Puddingcreme zu füllen. In San Sebastián ist er in ziemlich jeder Bäckerei oder Konditorei zu bekommen. Hier die Variante kleiner Törtchen.

ZUTATEN

FÜR DEN TEIG

300 g Weizenmehl Type 405
200 g Zucker
1 EL Backpulver
½ TL Salz
Mark von ½ Vanilleschote
120 g weiche Butter
2 Eier

FÜR DIE FÜLLUNG

40 g Maisstärke (Speisestärke)
4 Eigelb (Größe M)
500 ml Vollmilch
1 Vanilleschote
125 g Zucker

AUSSERDEM

Butter für die Form
Weizenmehl Type 405 für die Form
1 Eigelb zum Einstreichen

Für 6 Tarteförmchen (Ø 10 cm) | Zubereitungszeit: 30 Minuten plus Kühlzeit 1 Stunde 15 Minuten plus Backzeit 40 Minuten

ZUBEREITUNG

Für den Teig das Mehl in eine Schüssel sieben. Den Zucker, das Backpulver, das Salz und das Vanillemark mit dem Mehl vermengen. Die Butter zufügen und mit den trockenen Zutaten verkneten. Die Eier zufügen und alles zu einem homogenen Teig verarbeiten. Die Masse zu einer Kugel formen und in Frischhaltefolie gewickelt 45 Minuten kühl stellen.

Für die Füllung die Maisstärke mit den Eigelben und etwas Milch glatt rühren. Die übrige Milch zusammen mit der Vanilleschote und dem Zucker in einen kleinen Topf geben. Die Mischung unter gelegentlichem Rühren bei hoher Temperatur aufkochen. Den Topf dann vom Herd nehmen und zum Aromatisieren 5 Minuten ruhen lassen.

Die Vanilleschote anschließend entfernen. Die Stärke-Eigelb-Mischung nach Bedarf erneut glatt rühren und in die aromatisierte Milch geben. Die Mischung unter Rühren mit einem Schneebesen bei mittlerer bis hoher Temperatur aufkochen. Dann auf der ausgeschalteten Herdplatte etwa 1 Minute köcheln lassen. Danach mindestens 30 Minuten abkühlen lassen. Zwischendurch gelegentlich umrühren.

Den Backofen auf 160 °C Ober-/Unterhitze vorheizen.

Die Tarteförmchen gut mit Butter einfetten und mit Mehl ausstäuben. Vom gekühlten Teig etwas weniger als zwei Drittel abnehmen, den Rest wieder in Frischhaltefolie gewickelt kühl stellen. Das abgenommene Teigstück in 6 gleich große Portionen teilen und mit den Händen auf den Böden und Rändern der Förmchen verteilen. Die Füllung in die ausgekleideten Förmchen geben und gleichmäßig verteilen.

AUSSERDEM

Butter für die Form
Weizenmehl Type 405 für die Form
1 Eigelb zum Einstreichen

Den übrigen Teig ebenfalls in 6 Portionen teilen diese nacheinander auf einem Stück Backpapier zu einem Kreis in Form drücken, der Durchmesser sollte so groß wie die Form sein. Das Teigstück mithilfe des Backpapiers auf ein Törtchen stürzen und leicht an den Teigrand andrücken. Das Eigelb verquirlen und die Teigoberfläche damit einstreichen. Mit dem übrigen Teig ebenso verfahren, bis alle Törtchen bedeckt sind.

Die Törtchen im vorgeheizten Ofen auf mittlerer Schiene etwa 25 Minuten backen. Anschließend aus dem Ofen nehmen und vollständig abkühlen lassen

ANRICHTEN

Die Törtchen aus den Formen lösen und einzeln servieren.

Plum Cake
CONFITERIA
Otaegui
SAN SEBASTIAN

TARTA DE QUESO A LA LA VIÑA – KÄSEKUCHEN NACH ART VON LA VIÑA

LA VIÑA GAZTA TARTA

Obwohl man als Foodliebhaber beim Stichwort »Baskenland« zunächst an Pintxos oder Sterneküche denkt, lockt viele Besucher auch der weltweit bekannte Käsekuchen des Restaurants La Viña nach San Sebastián. Vor einigen Jahren kürte ihn die spanische Tageszeitung ABC zu einem der acht besten Käsekuchen im Land. Der Rest ist Geschichte, wie man so schön sagt. Der Kuchen ist auch als »verbrannter Käsekuchen« bekannt, Grund dafür ist natürlich sein typischer dunkler Rand.

Für 1 kleine Springform (Ø 18 cm) | Zubereitungszeit: 15 Minuten plus Backzeit 45 Minuten plus Kühlzeit 4 Stunden

ZUTATEN

500 g Doppelrahmfrischkäse
3 Eier (Größe L)
200 g Zucker
1 geh. EL Weizenmehl Type 405
250 g Konditorsahne mit 35 % Fettgehalt (alternativ: 225 g flüssige Sahne plus 25 g Mascarpone)

ZUBEREITUNG

Den Backofen auf 220 °C Ober-/Unterhitze vorheizen.

Während der Backofen aufheizt, den Frischkäse mit den Eiern in einer großen Rührschüssel zu einer glatten Masse vermengen. Den Zucker zufügen und unter die Frischkäse-Ei-Masse rühren. Anschließend das Mehl untermischen. Zum Schluss die Sahne zugießen und alles mit einem Schneebesen glatt rühren.

Den Rand und den Boden einer Springform mit Backpapier auskleiden, das Backpapier soll hierbei über den Rand der Form lappen. Die Käsekuchenmasse in die Springform füllen und den Kuchen im vorgeheizten Ofen auf der zweiten Schiene von oben etwa 45 Minuten backen, bis die Oberfläche stark gebräunt ist.

Den Kuchen nach der Backzeit aus dem Ofen nehmen und in der Form mindestens 4 Stunden, am besten bis zum nächsten Tag, vollständig abkühlen lassen. Die Masse ist zunächst nicht schnittfest, sie stabilisiert sich mit dem Erkalten.

ANRICHTEN

Den erkalteten Kuchen aus dem Backpapier lösen und zum Servieren in Stücke schneiden.

QUESO, MEMBRILLO Y NUECES – KÄSE, QUITTENBROT UND NÜSSE
GAZTA, SAGAR GOZOA ETA INTXAURRAK

Diese Nachspeise wird klassischerweise als letzter Gang in Siderstuben serviert. Käse schließt bekanntlich den Magen. Viele Basken ziehen diese süß-herzhaft Nachspeise einem klassischen Dessert vor.

Für 4 Personen | Zubereitungszeit: 10 Minuten

ZUTATEN

200 g Idiazábal-Käse (baskischer Hartkäse aus Schafsmilch)
200 g *membrillo* (Quittenbrot)
50 g Walnusskerne

ZUBEREITUNG

Den Käse von der Rinde befreien und in 5 mm dicke Dreiecke schneiden. Das Quittenbrot in eben solche Dreiecke schneiden. Die Walnüsse grob hacken.

ANRICHTEN

Die Käsescheiben mit dem Quittenbrot auf einer Platte anrichten. Mit den Walnüssen bestreuen und servieren.

ARROZ CON LECHE – MILCHREIS
ARROZ-ESNEA

Arroz con leche ist überall in Spanien eine beliebte Süßspeise. Sie können den Milchreis warm oder kalt servieren. Statt Kuhmilch können Sie auch eine vegane Alternative verwenden. Wie wäre es zum Beispiel mit Kokosmilch?

Für 4 Personen | Zubereitungszeit: 1 Stunde

ZUTATEN

150 g Milchreis
1 l Vollmilch
1 Zimtstange
3 breite, fein abgezogene Streifen der Schale von 1 unbehandelten Zitrone
100–125 g Zucker
1 TL gemahlener Zimt zum Bestreuen

ZUBEREITUNG

Den Reis zusammen mit 250 ml Wasser in einen Topf geben und unter gelegentlichem Rühren bei mittlerer bis hoher Temperatur erhitzen. Wenn das Wasser simmert, die Milch einrühren und die Zimtstange sowie die Zitronenschale zufügen. Den Topfinhalt unter Rühren bei mittlerer Temperatur aufkochen. Die Temperatur dann stark reduzieren und den Milchreis unter gelegentlichem Rühren etwa 50 Minuten quellen lassen.

Nach der Garzeit den Zucker unterrühren und den Milchreis weitere 5 Minuten auf der ausgeschalteten Herdplatte ziehen lassen. Anschließend die Zimtstange und die Zitronenschale entfernen.

ANRICHTEN

Den Milchreis in Schälchen geben und lauwarm oder kalt mit Zimt bestreut servieren.

FLAN DE CASTAÑAS – MARONENPUDDING

FLAN DE CASTAÑAS

Bis der Siegeszug der Kartoffel begann, waren Maronen lange Zeit ein Grundnahrungsmittel. Die Marone ist aber weiterhin, besonders im Herbst und Winter, sehr beliebt. An Straßenständen werden sie frisch geröstet angeboten. Perfekt, um sich Hände und Magen zu wärmen, schließlich gibt es in Nordspanien auch kalte Tage.

Für 4 Personen | Zubereitungszeit: 15 Minuten plus Back-/Garzeit 1 Stunde

ZUTATEN

100 g ungeschälte Maronen
200 ml Vollmilch
100 g flüssige Sahne
3 EL Zucker
1 breite Zeste von 1 unbehandelten Zitrone
1 Msp. Vanillemark
½ Zimtstange
3 Eier (Größe S)
Karamellsirup

TIPP

Wenn es schnell gehen muss, können Sie auch 80 g vorgegarte Maronen verwenden.

ZUBEREITUNG

Den Backofen auf 200 °C Ober-/Unterhitze vorheizen. Die Spitzen der Maronen mit einer Schere abschneiden. Die Unterseite kreuzweise einschneiden, ohne das Fruchtfleisch zu beschädigen. Die Maronen auf ein mit Backpapier belegtes Backblech legen und im vorgeheizten Backofen etwa 20 Minuten rösten. Anschließend aus dem Ofen nehmen, lauwarm abkühlen lassen und dann die Maronen aus der Schale lösen.

Den Backofen erneut auf 180 °C Ober-/Unterhitze vorheizen. Die ausgelösten Maronen zusammen mit der Milch, der Sahne, dem Zucker, der Zitronenzeste, dem Vanillemark und der Zimstange in einen Topf geben. Die Zutaten bei niedriger bis mittlerer Temperatur langsam aufkochen. Dann vom Herd nehmen und etwas abkühlen lassen. Anschließend die Zimtstange und die Zitronenzeste entfernen. Die Eier unterrühren und die Mischung mit einem Stabmixer glatt pürieren.

Den Boden von 4 backfesten Förmchen (etwa 125 ml Fassungsvermögen) mit Karamellsirup bedecken und die Flanmasse gleichmäßig auf die Förmchen verteilen. Diese in eine Auflaufform stellen und auf Höhe der in den Förmchen befindlichen Masse mit Wasser befüllen. Die Masse auf mittlerer Schiene etwa 40 Minuten im vorgeheizten Ofen stocken lassen. Anschließend aus dem Ofen nehmen und mindestens lauwarm abkühlen lassen.

ANRICHTEN

Mit einem Messer am Rand der Förmchen entlangfahren, um die Masse zu lösen. Die Flans auf Dessertteller stürzen und servieren.

CREMA DE NUECES – WALNUSSCREME
INTXAUR SALTSA

Die *intxaur saltsa* war im Baskenland und besonders in Gipuzkoa sehr lange ein obligatorisches Weihnachtsdessert. Im Laufe der Zeit hat die Creme allerdings an Beliebtheit verloren, und auch in Restaurants finden Sie sie eher selten. Dennoch ein absolutes Kultgericht – und äußerst lecker!

Für 4 Personen | Zubereitungszeit: 10 Minuten plus Ruhezeit 10 Minuten plus Garzeit 30 Minuten plus Einweichzeit 12 Stunden

ZUTATEN

125 g Walnusskerne
375 ml Vollmilch
125 g flüssige Sahne
1 Zimtstange
100 g Zucker

ZUBEREITUNG

Die Nüsse in eine Schüssel geben. So viel von der Milch zugießen, bis die Nüsse ganz bedeckt sind (etwa 200 ml). Die Nüsse abgedeckt kühl stellen und etwa 12 Stunden, am besten über Nacht, in der Milch einweichen.

Die Nüsse anschließend im Hochleistungsmixer zusammen mit der Milch, in der sie eingeweicht wurden, cremig pürieren.

Die restliche Milch mit der Sahne und der Zimtstange aufkochen. Vom Herd nehmen und zum Aromatisieren 10 Minuten ruhen lassen. Dann die Zimtstange entfernen.

Die Nuss-Milch-Masse und den Zucker in die Milch-Sahne-Mischung rühren. Den Topfinhalt unter Rühren mit einem Schneebesen aufkochen und bei niedriger Temperatur etwa 30 Minuten köcheln lassen, bis die Masse cremig eingedickt ist. Zwischendurch gelegentlich umrühren.

Die Walnusscreme in flache Dessertschalen umfüllen und mindestens lauwarm abkühlen lassen.

ANRICHTEN

Die Nusscreme lauwarm oder kalt servieren.

»DULCE Y RICO« – »SÜSS UND LECKER«

GOXUA

Goxua ist so etwas wie ein baskische Tiramisu: cremig umhüllt, fein getränkter Biskuit. Das Dessert gilt als großer Klassiker, wurde aber erst in den 1970er-Jahren erfunden. Ein relativ junges Gericht also, doch da die moderne baskische Küche eigentlich erst mit der Kochbewegung der 1970er-Jahre entstand, stammen einige klassische Rezepte aus der Mitte des vorherigen Jahrhunderts.

Für 4–6 Personen | Zubereitungszeit: 30 Minuten plus Backzeit 12 Minuten plus Kühlzeit 4 Stunden

ZUTATEN

FÜR DEN BISKUIT

2 Eier (Größe M)
1 Prise Salz
50 g Zucker
60 g Weizenmehl Type 405
1 EL Speisestärke

FÜR DIE CREME

2 gestr. TL Maisstärke (Speisestärke)
1 Eigelb (Größe L)
200 ml Vollmilch
fein abgeriebene Schale von 1 unbehandelten Zitrone
1 Vanillestange
1 EL Zucker

ZUBEREITUNG

Den Backofen auf 180 °C Ober-/Unterhitze vorheizen.

Für den Biskuit die Eier trennen und das Eiweiß zusammen mit 1 Prise Salz steif schlagen. Nach und nach den Zucker einstreuen, dabei weiterrühren, bis ein fester Eischnee entstanden ist. Dann das Eigelb vorsichtig unterziehen. Danach das Mehl und die Speisestärke mischen. Diese Mischung über die Ei-Zucker-Masse sieben und vorsichtig unterheben.

Die Biskuitmasse auf einem mit Backpapier belegten Backblech etwa 3 cm dick rechteckig ausstreichen. Im vorgeheizten Ofen auf mittlerer Schiene etwa 12 Minuten backen. Anschließend aus dem Ofen nehmen und abkühlen lassen.

Für die Creme die Maisstärke mit dem Eigelb und etwas Milch glatt rühren. Die übrige Milch zusammen mit der Zitronenschale, der Vanilleschote und 1 EL Zucker in einen kleinen Topf geben. Die Mischung unter gelegentlichem Rühren bei hoher Temperatur aufkochen. Den Topf dann vom Herd nehmen und zum Aromatisieren 5 Minuten ruhen lassen.

Die Vanilleschote und die Zitronenzeste anschließend entfernen. Die Stärke-Eigelb-Mischung nach Bedarf erneut glatt rühren und in die aromatisierte Milch geben. Die Mischung unter Rühren mit einem Schneebesen bei mittlerer bis hoher Temperatur aufkochen. Dann auf der ausgeschalteten Herdplatte etwa 1 Minute köcheln lassen. Die Vanillecreme dann erkalten lassen, zwischendurch umrühren, damit sich keine Haut bildet.

AUSSERDEM

2 EL Karamellsirup
2 EL Rum
250 g Sahne
1 Päckchen Vanillezucker
½ Päckchen Sahnesteif
Zucker zum Karamellisieren oder Krokantgitter

Den Karamellsirup mit dem Rum verrühren und in einem kleine Topf lauwarm erwärmen.

Die Sahne mit dem Vanillezucker und dem Sahnesteif steif schlagen. Den Biskuit klein schneiden und auf Dessertteller verteilen. Die Biskuitstücke mit Sahne bedecken. Anschließend mit der Vanillecreme bestreichen. Das Dessert abgedeckt für mindestens 4 Stunden kühl stellen.

ANRICHTEN

Das *goxua* vor dem Servieren mit etwas Zucker bestreuen und mit einem Küchenflambierer leicht karamellisieren. Dann in Stücke schneiden oder mit einem Löffel auf Dessertteller setzen und sofort servieren.

CUAJADA – SCHAFS-DICKMILCH
MAMIA

Mamia ist eine altüberlieferte »Hirtenspeise«. Schafsmilch ist bei uns nicht sonderlich beliebt. Sie können für das Rezept jedoch auch Kuhmilch verwenden, rühren Sie dann vor dem Erhitzen 1 EL Milchpulver in die Flüssigkeit.

Für 4 Personen | Zubereitungszeit: 15 Minuten plus Kühlzeit

ZUTATEN

700 ml pasteurisierte frische Schafsmilch (alternativ: Frischmilch von der Kuh plus 1 gehäufter EL Milchpulver)
16 Tropfen flüssiges Labextrakt (online erhältlich)
½ Handvoll Walnusskerne
4 EL flüssiger Honig oder Zucker

ZUBEREITUNG

Die Milch in einem Topf auf etwa 40 °C erhitzen (nach Packungsangabe des flüssigen Labextrakts etwas niedriger oder höher temperieren).

Inzwischen in vier Dessertbecher jeweils 4 Tropfen flüssiges Labextrakt geben. Wenn die Milch entsprechend temperiert ist, diese auf die vier Gläser verteilen und zum Andicken etwa 30 Minuten bei Raumtemperatur stehen lassen. Wenn die Masse eingedickt ist, die Gläser zum Erkalten in den Kühlschrank stellen.

Vor dem Servieren die Nüsse grob hacken und nach Belieben in einer Pfanne ohne Fettzugabe leicht anrösten.

ANRICHTEN

Jedes Dessert mit 1 EL flüssigem Honig beträufeln und mit den Nüssen bestreut servieren. Alternativ etwas Zucker dazu reichen.

SCHOKOLADEN-VARIANTE

Sie können die *mamia* mit Schokolade abwandeln. Hacken Sie dafür 150 g Zartbitterkuvertüre klein. Kochen Sie die Milch auf und nehmen den Topf vom Herd. Rühren Sie die Schokolade ein und lassen Sie sie in der warmen Milch schmelzen. Temperieren Sie die Milch auf etwa 40 °C und verfahren Sie weiter wie oben beschrieben. Servieren Sie die Schokoladen-*mamia* mit ein paar Schokospänen bestreut.

HELADO DE VAINILLA – VANILLEEIS
BAINILA IZOZKIA

Eis als Kultrezept aus San Sebastián? Unbedingt! Eis essen ist in der Stadt fast so typisch wie Pintxos essen. Am liebsten genießen die Bewohner ein Eis, wenn sie gemütlich über den Paseo de la Concha bummeln. Eis zu essen, gehört aber auch zur *semana grande*. Die *semana grande* ist eine Festwoche im August, in der sich die Stadt selbst feiert. Eis essen und großartige Feuerwerke bestaunen ist dann Pflicht.

Für 1 Kastenform (25 cm Länge) | Zubereitungszeit: 10 Minuten plus Kühlzeit 5 Stunden

ZUTATEN

500 g flüssige Sahne
1 Vanilleschote
300 g gezuckerte Kondensmilch
Eiswaffeln zum Servieren

ZUBEREITUNG

Die Sahne in einer großen Schüssel steif schlagen. Die Vanilleschote längs aufschneiden und das Mark herauskratzen. Das Mark mit der Kondensmilch verrühren und die Mischung anschließend unter die geschlagene Sahne ziehen.

Die Eiscrememasse in eine Kastenform füllen und abgedeckt für mindestens 5 Stunden tiefkühlen.

ANRICHTEN

Die Eiscreme 5–10 Minuten vor dem Anrichten aus dem Tiefkühlgerät nehmen. Mit einem Eisportionierer Kugeln abstechen und in Eiswaffeln füllen. Sofort servieren.

TIPP

Das Rezept lässt sich mit Zutaten nach Wahl verfeinern. Mischen Sie beispielsweise noch Schokoladenstückchen oder Fruchtstücke unter, wenn die Eis-Masse schon angefroren ist.

HELADO DE TARTA DE QUESO – KÄSEKUCHEN-EIS
GAZTA TARTA IZOZKIA

In diesem Rezept vereinen sich der weltweit bekannte Käsekuchen aus San Sebastián (siehe Seite 176) und eine der beliebtesten Süßspeisen der Stadt.

Für 1 Kastenform (25 cm Länge) | Zubereitungszeit: 10 Minuten plus Kühlzeit 5 Stunden

ZUTATEN

200 g Doppelrahmfrischkäse
300 g flüssige Sahne
fein abgeriebene Schale von 1 unbehandelten Zitrone
300 g gezuckerte Kondensmilch
Eiswaffeln zum Anrichten

ZUBEREITUNG

Den Frischkäse in ein sauberes Küchentuch geben und kräftig ausdrücken.

Die Sahne in einer großen Schüssel steif schlagen. Den Zitronenabrieb mit der Kondensmilch und dem Frischkäse verrühren. Die Mischung anschließend unter die geschlagene Sahne ziehen.

Die Eiscrememasse in eine Kastenform füllen und abgedeckt für mindestens 5 Stunden tiefkühlen.

ANRICHTEN

Die Eiscreme 5–10 Minuten vor dem Anrichten aus dem Tiefkühlgerät nehmen. Mit einem Eisportionierer Kugeln abstechen und in Eiswaffeln füllen. Sofort servieren.

SORBETE DE LIMÓN AL CAVA – ZITRONEN-SEKT-SORBET
LIMOI SORBETEA CAVA-REKIN

Sorbete de limón al cava ist in ganz Spanien ein klassisches Dessert, so auch im Baskenland. Erfrischend leicht schließt es jedes Menü ab. Es kann auch als Zwischengang serviert werden.

Für 4 Personen | Zubereitungszeit: 10 Minuten

ZUTATEN

500 ml Zitroneneis oder -sorbet
3 EL Wodka
250 ml Cava (spanischer Schaumwein)
6 EL flüssige Sahne

ZUBEREITUNG

Das Eis 5–10 Minuten vor der Zubereitung aus dem Tiefkühlgerät nehmen.

Das Eis mit dem Wodka, dem Cava und der Sahne in einem Standmixer cremig rühren.

ANRICHTEN

Die Eis-Cava-Sahne-Masse sofort auf Sektgläser verteilen.

TORRIJA CARAMELIZADA – ARME RITTER
TORRADA KARAMELATUA

Eigentlich sind *torrijas* nichts anderes als »Arme Ritter« bzw. »French Toast«. In Spanien isst man sie traditionell in der Karwoche. Zu ungeahntem Ruhm kamen die knusprigen Brotscheiben, als Sterneköche den Klassiker für sich entdeckten, abwandelten und als Deluxe-Variante auf ihre Speisekarten nahmen. Auch in San Sebastián warten einige Restaurants mit diesem Kultgericht auf. Besonders beliebt ist die Variante des baskischen Drei-Sternekochs Martin Berasategui.

Für 4 Personen | Zubereitungszeit: 15 Minuten plus Ruhezeit 10 Minuten plus Einweichzeit 12 Stunden

ZUTATEN

½ Vanillestange
200 ml Vollmilch
200 g flüssige Sahne
1 Zimtstange
2 Eier (Größe M)
ca. 175 g Zucker zum Wenden
4 ca. 4 cm dicke Scheiben Brioche
Butter zum Braten

ZUBEREITUNG

Das Mark der ½ Vanillestange auskratzen. Die Milch zusammen mit der Sahne, dem Vanillemark und der Zimtstange aufkochen. Vom Herd nehmen und zum Aromatisieren 10 Minuten ruhen lassen. Danach die Zimtstange entfernen. Die Eier miteinander verquirlen und mit 2 EL Zucker verrühren. Dieses Gemisch in die Milch-Sahne-Mischung einrühren.

Die Briochescheiben dicht an dicht in ein rechteckiges Gefäß (z.B. eine Auflaufform oder eine Frischhaltedose) legen und mit der vorbereiteten Milch-Mischung übergießen. Abgedeckt für etwa 12 Stunden darin einweichen, bis vom Brot fast alle Flüssigkeit aufgenommen wurde.

Nach der Einweichzeit etwa 1 EL Butter in einer Pfanne bei mittlerer Temperatur erhitzen. Die eingeweichten Briochescheiben im übrigen Zucker wenden und anschließend in der Butter bei niedriger bis mittlerer Temperatur portionsweise von beiden Seiten goldbraun ausbacken. Bei Bedarf zwischendurch mehr Butter zugeben.

Die *torrijas* zum Abtropfen auf einen Teller mit Küchenpapier legen.

ANRICHTEN

Die *torrijas* auf Teller verteilen und nach Belieben mit Früchten oder Vanilleeis (siehe Seite 192) servieren.

GIN TONIC A LA DONOSTIARRA – GIN TONIC NACH DONOSTIA-ART

GIN TONIC DONOSTI

San Sebastián ist für seine spezielle Art, Gin Tonic zu trinken, bekannt: mit viel Eis aus einem Ballonglas. Vater des Gin Tonic Donosti ist Joaquín Fernández, der leider 2020 verstarb.

Für 1 Glas | Zubereitungszeit: 5 Minuten

ZUTATEN

Eiswürfel
2 Spalten von
  1 unbehandelten Zitrone
5 cl Gin
100 ml Tonicwater
1 Minzkrone zum Garnieren

ZUBEREITUNG

Ein Ballonglas zu etwa drei Viertel mit Eiswürfeln befüllen. 1 Zitronenspalte über den Eiswürfeln zusammenpressen und den Saft über die Schale in das Glas tropfen lassen (die Schale zeigt zum Glas).

Den Gin eingießen und mit dem Tonicwater auffüllen.

ANRICHTEN

Die zweite Zitronenspalte ins Glas geben und mit frischer Minze garniert servieren.

MARTINI VESPER

Jedes Jahr im September findet das internationales Filmfestival von San Sebastián statt. Die prominenten Gäste loggieren stillvoll im ikonischen Hotel Maria Cristina. Was könnte passender sein, als dort den wohl bekanntesten Cocktail der Filmgeschichte zu genießen?

Für 1 Glas | Zubereitungszeit: 5 Minuten

ZUTATEN

Eiswürfel
6 cl Bombay Sapphire London Dry Gin
2 cl Grey Goose Vodka
½ cl Lillet Blanc
1 breite Zeste von 1 unbehandelten Zitrone

ZUBEREITUNG

Einen Cocktailshaker mit Eiswürfeln befüllen. Den Gin, den Wodka und den Lillet Blanc eingießen. Dann den geschlossenen Shaker schütteln.

Den Drink in ein gekühltes Martiniglas abseihen.

ANRICHTEN

Die Zitronenzeste ins Glas geben und den Cocktail sofort servieren.

SANGRÍA DE TXAKOLÍ – SANGRÍA MIT BASKISCHEM WEIN

TXAKOLÍ SANGRIA

Neben *sidra* ist *txakolí* das ultimative baskische Getränk. Hier trifft er auf den für uns wahrscheinlich bekanntesten spanische Sommerdrink.

Für 4 Personen | Zubereitungszeit: 5 Minuten

ZUTATEN

1 Flasche *txakolí* (baskischer Wein)
Zucker nach Belieben
2 EL Zitronenlimonade
2 EL Orangenlimonade
1 unbehandelte Orange
1 unbehandelte Zitrone
2 EL Whisky
2 EL Triple sec

ZUBEREITUNG

Den Wein, etwas Zucker und die Limonaden in einem Krug verrühren. Die Orange und die Zitrone heiß abwaschen, halbieren und auspressen. Den Orangensaft, den Zitronensaft, ½ Orange und ½ Zitrone in den Krug geben. Dann den Whisky und den Triple sec eingießen. Zum Schluss mit Zucker abschmecken.

ANRICHTEN

Die Sangría gut gekühlt servieren.

GRUNDREZEPTE

Im Folgenden finden Sie die Grundrezepte, die für einige Rezepte im Buch hilfreich sind. Außerdem enthält dieses Kapitel das Rezept einer der klassischsten Saucen der baskischen Küche: die *salsa vizcaina*.

BACALAO ENTSALZEN

Der in San Sebastián so beliebte Bacalao muss vor der Verwendung entsalzt werden. Das klingt komplizierter als es ist, denn der Fisch muss lediglich für 48 Stunden in Wasser gelegt werden.

Zubereitungszeit: 10 Minuten plus Einweichzeit 48 Stunden

ZUBEREITUNG

Das Salz rundherum von der Oberfläche des Bacalao entfernen. Den Fisch in einer Schüssel oder kleinen Auflaufform vollständig mit Wasser bedecken und abgedeckt für 16 Stunden in den Kühlschrank stellen.

Nach 16 Stunden das Wasser wechseln und den Fisch erneut 16 Stunden gewässert und abgedeckt kühl stellen.

Anschließend das Wasser noch einmal wechseln und den Fisch ein letztes Mal für 16 Stunden in Wasser liegend abgedeckt kühl stellen.

Nach den insgesamt 48 Stunden den Fisch aus dem Wasser nehmen, trockentupfen und nach Bedarf die Haut vorsichtig entfernen.

EINFACHES BAGUETTE

Mit selbst gemachtem Baguette schmecken Pintxo noch einmal besser.

Für 1 Baguette | Zubereitungszeit: 15 Minuten plus Gehzeit 1 Stunde 20 Minuten plus Backzeit 20 Minuten

ZUTATEN

250 g Weizenmehl Type 550 plus mehr zum Arbeiten
6 g Salz
10 g frische Hefe

ZUBEREITUNG

Die Zutaten mit 160 ml lauwarmem Wasser nur kurz verkneten, bis eine feste Masse entstanden ist. Den Teig mit Mehl bestäuben und abgedeckt 20 Minuten ruhen lassen. Den Teig anschließend dehnen und falten. Dafür den Teig mit den Händen zu einem Rechteck ziehen und die Seiten nacheinander nach innen und übereinanderschlagen. Den Teig mit der eingeschlagenen Seite nach unten abgedeckt weitere 20 Minuten ruhen lassen.

Das Dehnen, Falten und Ruhenlassen noch zweimal wiederholen, sodass der Teig insgesamt 80 Minuten geht.

Den Ofen auf 240 °C Ober-/Unterhitze vorheizen. Den Teig auf der bemehlten Arbeitsfläche mit den Händen zu einem Rechteck in Form drücken und von der langen Seite her aufrollen. Den Teigschluss gut andrücken. Den Teigling dann mit dem Schluss nach unten auf ein mit Backpapier belegtes Ofengitter legen und mit einem Messer mit Wellenschliff mehrfach schräg etwa 1 cm tief einschneiden. Das Baguette dann mit Wasser besprühen, mit Mehl bestäuben und im vorgeheizten Backofen auf einer mittleren Schiene in 15–20 Minuten goldbraun und knusprig backen.

Das Baguette anschließend aus dem Ofen nehmen und erkalten lassen.

MAYONNAISE

Mit Mayonnaise wird in San Sebastián nicht gegeizt. Hier ein sehr einfaches Rezepte für eine selbst gemachte Variante.

Für etwa 250 ml | Zubereitungszeit: 5 Minuten

ZUTATEN

1 sehr frisches Bio-Ei (Größe L)
1 EL Weißweinessig
200 ml mildes natives Olivenöl oder Sonnenblumenöl
Salz
frisch gemahlener schwarzer Pfeffer
etwas Zitronensaft

ZUBEREITUNG

Das Ei, den Essig und das Olivenöl in einem hohen Rührbecher mit einem Stabmixer verquirlen, bis eine dicke, cremige Mayonnaise entsteht. Diese mit Salz, Pfeffer und Zitronensaft abschmecken.

Hinweis: Da rohe Eier verwendet werden, sollte die Mayonnaise sofort verzehrt werden.

SALSA VIZCAINA

Die *salsa vizcaina* gehört neben *pil-pil,* der *salsa verde* und der *salsa negra* zu den traditionellen Saucen. Sie passt sehr gut zu gegrilltem oder gebratenem Fisch, etwa entsalztem Bacalao.

Für 4 Portionen| Zubereitungszeit: 15 Minuten plus Garzeit 2 Stunden 30 Minuten plus Einweichzeit 1 Stunde

ZUTATEN

9 getrocknete *pimientos choriceros* (Paprikaschoten)
2 rote Zwiebeln
2 weiße Zwiebeln
50 ml Olivenöl
4 Knoblauchzehen
einige Blätter frische glatte Petersilie
4 EL passierte Tomaten (optional)
Salz
½ TL Zucker
1 EL Semmelbrösel

TIPP

Die Sauce kann eingefroren werden.

ZUBEREITUNG

Die getrockneten Paprikaschoten halbieren, die Stielansätze und Kerne entfernen. Die Schoten für 1 Stunde in heißem Wasser einweichen.

Die Zwiebeln abziehen und in feine Scheiben schneiden. Das Öl bei mittlerer Temperatur erhitzen. Die Zwiebeln zufügen und bei aufgesetztem Deckel unter gelegentlichem Rühren 30 Minuten sanft schmoren.

Die Knoblauchzehen abziehen und in feine Scheiben schneiden. Die Petersilie waschen und trockentupfen. Die Knoblauchzehen und die Petersilie zu den geschmorten Zwiebeln geben und erneut bei aufgesetztem Deckel 30–45 Minuten schmoren, bis die Zwiebeln sehr weich sind.

Inzwischen die Paprikaschoten abgießen und trockentupfen. Mit einem Messer über die Schale fahren und die Schale so abstreifen. Das Fruchtfleisch grob hacken und nach der Garzeit mit dem Tomatenpüree und 100 ml Wasser unter die Zwiebeln mengen. Erneut abgedeckt 30–45 Minuten schmoren lassen.

Die Zwiebel-Paprika-Mischung anschließend mit einem Stabmixer pürieren. Dann durch ein Sieb in einen Topf streichen. Die Sauce mit Salz würzen. Den Zucker und die Semmelbrösel unterrühren. Die Sauce erneut 30 Minuten köcheln lassen. Danach mit Salz abschmecken.

Nach Bedarf und Verwendung kann die Sauce noch mit Brühe oder Fond gestreckt werden.

ANHANG

WARENKUNDE

Die Basken essen am liebsten Produkte, die aus dem Baskenland kommen. Viele sind mit einer Herkunftsbezeichnung gelabelt, die gleichzeitig für Qualität steht. Die allgemeine Kennzeichnung »Eusko Label« zeichnet qualitätsgeprüfte Produkte aus baskischer Produktion aus. Nachfolgend finden Sie eine Auswahl bedeutender Lebensmittel:

ALUBIAS DE TOLOSA

Alubias de Tolosa sind schwarze Bohnen. Sie wurden früher auf dem Bauernmarkt in Tolosa verkauft, den viele Händler auf ihren Reisen passierten. Dadurch wurden die Bohnen weit über die Stadt hinaus bekannt. Sie müssen nicht unbedingt in Tolosa angebaut werden. Qualitätsgarantie gibt das Label »Eusko Label Kalitatea«.

BACALAO

Bacalao ist bei uns als Klippfisch bekannt. Dabei handelt es sich um Kabeljau, der eingesalzen und getrocknet wurde. Er wird im Baskenland häufig zubereitet, muss davor aber entsalzt werden (siehe Seite 208). Stockfisch dagegen wird durch Trocknung haltbar gemacht, aber nicht gesalzen. Man kann sich durchaus fragen, weshalb man mit getrocknetem Fisch kocht, wenn dieser auch fangfrisch zu haben ist. Die Antwort liegt in der Vergangenheit: Die Gewässer um Neufundland waren ein beliebtes Fangebiet der baskischen Fischer. Für den Fang waren die Fischer wochenlang unterwegs. Um den Fisch haltbar zu machen, wurde er eingesalzen.

BONITO DEL NORTE

Bonito del Norte ist weißer Thunfisch und im Baskenland sehr beliebt. Ein mit dem »Eusko Label« ausgezeichneter Bonito del Norte wurde einzeln gefangen und muss in Größe und Qualität bestimmte Kriterien erfüllen. Die Fische werden einzeln begutachtet und bewertet.

GUINDILLA DE IBARRA

Guindilla de Ibarra sind grüne Chilischoten, die in Essig eingelegt erhältlich sind. Sie werden hauptsächlich in der Region um Ibarra, Gipuzkoa, angebaut, wo sie optimale klimatische Bedingungen finden. Die eingelegten Schoten sind mit dem Label »Label Vasco de Calidad« oder »Eusko Label Kalitatea« und »Ibarra« ausgezeichnet, was nicht nur ihre Herkunft bestätigt, sondern auch hohe Qualität garantiert. Die Chilischoten können für dieses Label auch in anderen baskischen Gebieten angebaut werden, wenn dort die idealen klimatischen Bedingungen herrschen.

RIOJA ALAVESA

Rioja Alavesa ist ein Weinanbaugebiet im südlichen Baskenland, das sich bis in die Provinz Rioja erstreckt. Die Basken trinken am liebsten Wein aus diesem Gebiet. Qualitätsmerkmal ist die Auszeichnung »Denominación de Origen Calificada Rioja«, das aber auch andere Weine aus Rioja-Weinanbaugebieten erhalten.

PIMIENTO CHORICERO

Hierbei handelt es sich um eine Paprikaschote, die unter anderem zur Herstellung des bekannten Chorizo verwendet wird. Hiervon leitet sich auch ihr Name ab. In baskischen Haushalten wird sie häufig getrocknet verwendet. Wird sie geerntet, bevor sie vollständig reif ist, verarbeitet man sie auch frisch. Sehr junge Schoten können als Bratpaprika zubereitet werden. *Pimiento choricero* ist auch als komprimiertes Mark erhältlich.

PIEMIENTOS DE PIQUILLO DE LODOSA

Dabei handelt es sich um kleine rote Paprikaschoten, die entkernt und gehäutet eingelegt werden. Angebaut werden sie vorwiegend in Navarra. Echte Lodosa-Paprika sind an einem Etikett mit der Aufschrift »Consejo Regulador Denominación de Origen Lodosa« zu erkennen. So ausgezeichnete Schoten werden unter strengen Auflagen angebaut, manuell geerntet und verarbeitet.

QUESO DE IDIAZÁBAL

Idiazábal-Käse ist ein aus Schafsmilch hergestellter Hartkäse. Er muss mindestens 60 Tage reifen. Als Rohstoff wird nur Milch von Schafen der baskischen Rasse Latxa oder der Rasse Carranzana verwendet. Echter Idiazábal trägt das Label »Consejo Regulador Denominación de Origen Idiazábal«. Er unterliegt strengen Qualitätskontrollen. Die Herkunftsbezeichnung ist geschützt und damit gleichzeitig ein Qualitätsmerkmal.

SIDRA

Sidra wird aus fermentiertem Apfelsaft hergestellt. Er hat einen niedrigen Alkoholgehalt. Ist er mit dem »Eusko Label« ausgezeichnet, wurde er nur mit Apfel aus dem Baskenland hergestellt. Der komplette Herstellungsprozess ab dem Anbau wird kontrolliert.

TXAKOLI

Txakoli ist ein junger Wein, fruchtig, meist weiß, mit leichter Kohlensäure. Er wird bereits seit dem 16. Jahrhundert im Baskenland hergestellt und auch nur dort. Überwiegend wird für die Produktion die Traube Hondarribi Zuri angebaut. Er enthält nur wenig Alkohol. Er passt hervorragend zu leichten Speisen wie Fisch. Die Weine tragen die Herkunftsbezeichnung Araba / Álava, Getaria oder Bizkaia.

BEZUGSQUELLEN: www.diaz-garcia.de: feinste Auswahl von Weinen, Olivenöl und Fischkonserven wie Sardellen. www.spanien-shop.com: große Auswahl an spanischen und baskischen Lebensmittel wie Alubias de Tolosa, Sidra, Txakoli, Membrillo, Idiazabál-Käse …

SAN SEBASTIÁN

DAS WICHTIGSTE IN KÜRZE

DAS BASKENLAND

Das Baskenland (baskisch: *euskadi*; spanisch: *país vasco)* liegt im Norden der iberischen Halbinsel und erstreckt sich sowohl über spanisches als auch französisches Gebiet. Seine Küste verläuft am Kantabrischen Meer, dem südlichen Teil des Golfs von Biskaya, einem Meeresarm des Atlantiks. San Sebastián ist die Hauptstadt der Provinz Gipuzkoa, neben Biskaya und Álava eine der drei Provinzen des spanischen Baskenlandes. Politisch betrachtet ist das Baskenland eine von 17 autonomen Gemeinschaften, in die sich Spanien untergliedert. Die Hauptstadt ist Vitoria-Gasteiz in der Provinz Álava.

Fast die gesamte Hälfte des letzten Jahrhunderts bis weit in das neue Jahrtausend hinein, war im Baskenland die terroistische Organisation ETA (Euskadi Ta Askatasuna) aktiv, die die Unabhängigkeit des Baskenlandes von Spanien und Frankreich anstrebte. 2018 löste sich die Organisation offiziell auf.

Auf spanischer Seite sind sowohl das Spanische (Kastilisch) als auch das Baskische *(euskera* oder *vasco)* offizielle Sprachen. Das Baskische ist eine sogenannte isolierte Sprache, was bedeutet, sie ist mit keiner anderen Sprache verwandt und damit ein echter Sonderfall. Während der Franco-Diktatur (1936–1975) wurde der Sprachgebrauch unterdrückt und erst mit der *transición*, dem Übergang zur parlamentarischen Monarchie, anerkannt.

SAN SEBASTIÁN

San Sebastián liegt direkt am Kantabrischen Meer und nur 20 km von der französischen Grenze entfernt. Die Küstenstadt erstreckt sich auf knapp 61 Quadratkilometern und hat etwa 190 000 Einwohner. Unterteilt ist die Stadt in 18 Viertel, mit Gros, der Parte Vieja und dem Centro als die gastronomisch belebtesten.

Prägnantes Merkmal der Stast ist die Bucht La Concha (Die Muschel), die sich halbmondförmig vor der Stadt ausbreitet und von den Hügeln Monte Igeldo und Monte Urgull gesäumt wird. Die Bucht teilt sich in den Strandabschnitt Ondarreta und La Concha auf. Bei Surfern sehr beliebt ist der Strand Zurriola, der sich an das Viertel Gros anschließt und auf der anderen Seite des Monte Urgull liegt.

Wahrzeichen der Stadt ist der Peine del Viento (meist: Peine de los Vientos) am Fuße des Monte Igeldo und die Brüstung entlang der Promenade von La Concha. Bekannte Gebäude der Stadt sind außerdem unter anderem das Rathaus, ein ehemaliges Casino, die Basilika Santa María del Coro und der Palacio de Miramar, einstige Sommerresidenz der Königin Maria Cristina, die Ende des 19. Jahrhunderts ihre Sommer in San Sebastián verbrachte, was Ruhm und Glanz in die Stadt zog. Ebenso ruhmreich findet hier seit 1953 jährlich das international renommierte Filmfestival von San Sebastián statt.

DER DOPPELNAME DONOSTIA/SAN SEBASTIÁN

San Sebastián trägt offiziell den Zweifachnamen »Donostia/San Sebastián«. (Die Schreibung mit »/« ist seit 2012 die offizielle, sie ersetzte die Schreibweise mit Bindestrich: Donostia-San Sebastián) »Donostia« ist die baskische Stadtbezeichnung, »San Sebastián« die spanische. Unter den Bewohner hat sich allerdings »Donosti« eingebürgert. Sie selbst nennen sich *donostiarras*.

Doch auch wenn Donostia die offizielle baskische Stadtbezeichnung ist, hat das Wort keinen baskischen Ursprung. Donostia setzt sich aus dem spanischen *don* (»Herr«) und dem italienischen Stadtnamen Ostia zusammen. Der Legende nach wurden die sterblichen Überreste eines römischen Legionärs mit dem Namen Sebastián (Bastianus) ins heutige San Sebastián überführt. Damals lautete der Stadtname Easo. Mit der Zeit wurde Easo als die Stadt bekannt, in die der *don* aus Ostia gebracht wurde; Don-Ostia. Andere Quellen geben an, es entwickelte sich vor diesem Hintergrund aus dem lateinischen *Dominus Bastianus*.

REGISTER DER REZEPTE

BASKISCHE REZEPTTITEL

SPANISCHE REZEPTTITEL

ÜBER DIE AUTORIN

Stefanie Gückstock, dreißig-irgendwas Jahre alt, ist eigentlich ausgebildete Steuerberaterin. Doch vor ein paar Jahren ging sie ohne zu würfeln wieder auf Los, studierte Spanisch und lebte einige Zeit in Spanien, wo sie auch ihre Liebe zu San Sebastián entdeckte. Da auch dem Thema Food ihre Leidenschaft gilt, lag es nahe, beides miteinander zu verbinden und die Trendstadt kulinarisch zu entdecken. Auf ofenbekenntnisse.de bloggt sie außerdem über alles rund ums Backen.

ÜBER DEN FOTOGRAFEN

Taha Jawashi stammt aus Libyen, er ist Fotograf und Filmemacher. Das Reisen hat ihn schon immer fasziniert. Während des Arabischen Frühlings begann er als Fotojournalist zu arbeiten und berichtete sieben Jahre über die Konflikte in seinem Heimatland. In dieser Zeit wurden seine Bilder in zahlreichen internationalen Zeitungen veröffentlicht, darunter die *New York Times*, die *Washington Post* und *The Times*. Vor drei Jahren zog er nach Spanien. Sein Interesse für die reiche Geschichte, Kultur und Gastromie seiner neuen Heimat spiegelt sich in seinen Fotografien wider.

DANKSAGUNG

»A VECES EL CAMINO EQUIVOCADO TE LLEVA AL LUGAR ADECUADO«

Der größte Dank geht an dieser Stelle an Sonya Mayer,
die mich sowohl zur Lektorin als auch zur Autorin gemacht hat, die sich für dieses Buch eingesetzt hat, wie eine Löwin
und die das täglich bei allem tut, was sie anpackt.
Danke, dass du diese starke Frau bist!

Vielen, vielen Dank geht auch an meine Eltern, die mich
immer unterstützen und bestärken und die für dieses Buch unzählige Rezepte ausprobiert, getestet und bewertet haben.
Danke an meine Schwester Kaddy, dafür, dass sie immer da ist und Freud und Leid mit mir teilt.

Danke an Arnold Pöschl, der dieses Projekt so lange treu
begleitet hat und mit dem ich die Reise so gerne angetreten hätte.
Danke an Taha, für die wundervollen Aufnahmen.

Danke an Lucia Diaz Garcia, die mich so herzlich empfangen hat
wie eine Freundin und die mir viel über das Leben und Essen
in San Sebastián erzählt hat.

Vielen, vielen Dank außerdem an alle Barbetreiber & Restaurantbesitzer,
die uns unglaublich freundlich begegnet sind
und uns herzlich willkommen geheißen haben. Besonders an:
Ana (Taquería Kursaal)
Antxon Vallés (der leider verstarb) und seine Tochter Nagore (Casa Vallés)
Iñigo Otaegui und die gesamte Familie Otaegui (Pastelería Otaegui)
Izaskun Otaño (Restaurante Pollitena)
Joana Lertxundi (The New Sansse)
Patricia Gutiérrez (Basque Culinary Center)
Paulo Airaudo und Daniela Jacobi (Restaurante Amelia)

IMPRESSUM

Verantwortlich: Sonya Mayer
Texte und Rezepte: Stefanie Gückstock
Fotografie: Taha Jawashi, Stefanie Gückstock (siehe Bildnachweis)
Umschlaggestaltung: Regina Degenkolbe
Design & Layout: Helen Garner, Art und Weise
Repro: LUDWIG:media
Korrektorat: Christiane Gsänger
Herstellung: Alexander Knoll
Printed in Slovakia by Neografia Martin.

★★★★★

Sind Sie mit diesem Titel zufrieden? Dann würden wir uns über Ihre Weiterempfehlung freuen.
Erzählen Sie es im Freundeskreis, berichten Sie Ihrem Buchhändler oder bewerten Sie bei Onlinekauf. Und wenn Sie Kritik, Korrekturen oder Aktualisierungen haben, freuen wir uns über Ihre Nachricht an:
Christian Verlag, Postfach 40 02 09, D-80702 München oder per E-Mail an
lektorat@verlagshaus.de

Unser komplettes Programm finden Sie unter www.christian-verlag.de

Bildnachweis
Taha Jawashi: Seite 4–5, 7 (alle), 8 (alle), 10–11, 12–13 (alle), 15, 17, 19, 20–21 (alle), 22–23, 26–27 (alle), 31, 33, 37, 41, 47, 50–51 (alle), 55, 57, 59, 61, 67, 69, 73, 75, 76–77, 78–79, 80, 82–83 (alle), 85, 87, 93, 94–95 (alle), 99, 101, 105, 107, 119, 121, 125, 127, 129, 130–131 (alle), 132–133, 134, 136–137 (alle), 156–157, 158, 160–161 (alle), 165, 167, 169, 171, 173, 175, 181, 189, 191, 195, 197, 203, 204–205, 206–207 (alle), 212–213, 221; Stefanie Gückstock: Seite 29, 35, 39, 43, 45, 53, 65, 71, 89, 91, 97, 111, 113, 117, 123, 177, 179, 183, 185, 220; Shutterstock: Seite 24 (Rrrainbow), 187 (Hans Geel), 201 (Zekabala); Iovo Petrov: Seite 140–141, 144–145, Seite 148–149; Oscar Oliva Poza: Seite 151; Sarah Santos: Seite 154; Coconut: Seite 155.; Pixabay: Seite 199.

Die Deutsche Nationalbibliothek verzeichnet diese Publikation in der Deutschen Nationalbibliografie; detaillierte bibliografische Daten sind im Internet über http://dnb.d-nb.de abrufbar.

ISBN 978-3-95961-391-0

Ebenfalls erhältlich …

ISBN 978-3-95961-490-0

Tapas und mehr aus Kataloniens Metropole: Das Barcelona Kochbuch vereint Rezepte der katalanischen Küche, so kunterbunt wie ein Mosaik von Gaudì.